XUNZHAOMENGZHONGDE
TAOHUAYUAN
WODEYUWENJIAOYUQIUSILU

寻找梦中的桃花源

——我的语文教育求思录

孔德静 著

内蒙古科学技术出版社

图书在版编目（CIP）数据

寻找梦中的桃花源：我的语文教育求思录/孔德静
著. — 赤峰：内蒙古科学技术出版社，2019.10（2022.1重印）
ISBN 978-7-5380-3142-3

Ⅰ.①寻… Ⅱ.①孔… Ⅲ.①中学语文课—教学研究
—高中 Ⅳ.①G633.302

中国版本图书馆CIP数据核字（2019）第211546号

寻找梦中的桃花源——我的语文教育求思录

作　　者：孔德静
责任编辑：张文娟
封面设计：永　胜
出版发行：内蒙古科学技术出版社
地　　址：赤峰市红山区哈达街南一段4号
网　　址：www.nm-kj.cn
邮购电话：0476-5888903
排　　版：赤峰市阿金奈图文制作有限责任公司
印　　刷：天津兴湘印务有限公司
字　　数：219千
开　　本：700mm×1010mm　1/16
印　　张：13
版　　次：2019年10月第1版
印　　次：2022年1月第3次印刷
书　　号：ISBN 978-7-5380-3142-3
定　　价：58.00元

序 言

正午的阳光，暖暖地洒在我简易的书桌上，静静地聆听《溪行桃花源》，缓缓用笔记下教育生涯中的温暖瞬间。每个人都有自己的梦想，而我的梦境中最美的地方，是一片属于语文教育的桃花源。寒来暑往，不知不觉间，已在讲台上度过了十余年光阴。

时光飞逝，不知不觉中，十年时间倏忽而过。时间这棵大树又镌刻了不少年轮，而我依稀还记得自己年少的模样。你为什么当老师？为什么要当语文老师？你当得怎么样？你对过往的教学有什么反思？带着这些问题，我忐忑地拿起了笔。

选择当老师，似乎是冥冥中的注定与安排，尽管我曾经极力地排斥这种选择。高考志愿当中，我一个师范类志愿也没报。青春期的叛逆、学习的紧张和压力让我对这一职业有很深的排斥和误解，尽管我非常喜欢我的老师们，尽管我在他们眼中一直是个品学兼优的好学生。

但以后的许多人生岔路口，我不知怎样跌跌撞撞，百转千回还是走到教学之路上来，仿佛命运用一把无形的大手，悄悄地引我前来。

若说渊源，当从儿时说起。人如其名，我天性安静。小时候，我不爱和小伙伴们打闹嬉戏，而是喜欢静静地翻看姥姥捡来的小人书。那些文字和图片深深吸引了我，葬花的黛玉，顽皮的嘎子，在人间苦苦挣扎的小小少年，每一个故事都紧紧扣住了我的心弦。我的少年时光都沉浸在阅读的幸福和喜悦中。

上了小学，不知怎么的就成了学习委员。我在懵懵懂懂中担当起抄板书、做表率的任务。有一次班主任病了，又没有代课老师，我竟然临时充当起代课老师。我已经不记得当时讲了什么，但从此我对讲台有了一种朦胧的好感。

初中时学习任务一下子紧了起来，紧到除了吃饭、睡觉和呼吸，全部时间就是学习。那时我就开始思考：学习生活就该是这样？教育有没有其他的可能和途径？

我在思考与叛逆中考上了高中，我在自己力所能及的范围内实践着"素质教育"。在父母的要求下，我进入了理科班，暂时把自己小小的文学梦放下。

　　真正面临就业时我才知道，理工科的女生很不好找工作。我在最后一刻还是选择了去一家培训机构当老师。一年的工作很辛苦，但辛苦的工作恰恰唤起了我继续学习的欲望。父母不再干涉我的选择，我大着胆子报考了非本科学习的语文课程与教学论专业。没有时间复习专业课，只好自己买了本考研英语辅导书，挤出时间自学。我很幸运，如愿考进了所报专业，分数还不低。这不得不归功于之前自学了教育学和心理学的内容，以及我一直以来对教育问题的思考。

　　系统地学习了语文课程与教学论的相关课程之后，我还参加了一系列教学实践活动。从幼儿园到普通高中，到高校的专业课，我都有幸亲身参与和体会。读研的三年，有思考，有学习，有实践，有期待，跟着导师参加学术会议，也进一步打开了我的学术视野。忙碌而充实，为我的桃花源打下了坚实的理论基础。

　　读研虽然让我有了一定的理论基础和实践经验，但真正走上工作岗位，我还是遇到了很大的挑战。比如，一参加工作就被任命为班主任，在陌生的小城，在各种不熟悉中开始我艰难的摸索。当然，挑战也令我更快地成长。现在回想起来，那些汗水和眼泪也是桃花源中亮丽的风景。

　　我曾经以为，教师工作就是一轮又一轮的重复。但是，真正一届一届带下来，其实每一轮，每一届，甚至每一天都是不一样的。我虽然不能像于漪老师那样，每一节课都不同，但是在教坛摸爬滚打的我，确实每一天都有新的收获，新的启发，新的灵感和新的尝试。

　　我忽然想到，在时间的积淀之下，我应该写点儿什么，是对过往教育教学生活的总结和回顾，更是对未来教学生涯的启发和引领。那些不经意间的发现和思考，那些针对现实问题的苦苦探寻，那些教学生活中的苦乐和点滴，是我走向未来的勇气和动力。谨以此书献给那些在困境中鼓励我勇敢前行的良师益友，希望它能变成一束光，照亮我们前行的路。

目　录

第一编　理论·探讨

第二编　随笔·感悟

第一编

理论·探讨

语文素养视野下的中学文言文教学策略研究

　　本文是我攻读硕士研究生时的毕业论文。回想读研的日子，充实而幸福。或许在很多人看来，撰写毕业论文是很头疼的事，不知是不是因为对自己的专业特别喜爱，我感觉每天都沉浸在写作、思考、调查、发现、总结的喜悦和兴奋中。每天几百字，并不贪多，月余刚好完成。这里面有我对语文教育特别是文言文教学的深入思考，有我深入学校实地进行的各种调研，有经过实践检验的行之有效的方法。在语文核心素养意识被普遍关注的今天，这篇文章更加具有实践意义和价值。我愿把它整理出来与大家分享，既是对读研生活的最好回味，也是对未来文言文教学方法和策略的进一步探索和思考。

引 言

文言文是古人用来记述历史、抒发情感的书面语言，它精致简练，富有韵律和美感，跳动着历史的脉搏，熔铸了古人的思想、情感和智慧，是中华民族精神世界中的瑰宝。在中国古代的传统教育中，它是进行道德、伦理、知识、情感教育的重要载体，是读书人必须掌握的一项基本技能。然而随着时代的进步和发展，文言文逐渐淡出了人们的日常生活，和现代汉语、白话文相比，文言文很难引起学生的亲近感。在20世纪语文课程标准（教学大纲）的演变过程中，对文言文的教学要求由"练习用文言文作文"（1923年）、"酌量兼使有运用文言作文的能力"（1929年）、"养成用文言文叙事说理表情达意之技能"（1932年）变化为"阅读明易文言文之能力"（1948年）、"培养阅读文言文著作的初步能力"（1956年）、"初步阅读文言文的能力"（1963年）、"阅读浅易文言文的能力"（1978年、1980年）、"能借助工具书阅读浅易文言文"（1986年、1990年）、"能顺畅朗读，能背诵一些基本课文"（1988年、1992年）、"掌握一定数量的文言实词、虚词和常见的文言句式，诵读浅易文言文，理解词句含义，把握思想内容，背诵一定数量的文言名篇"（1996年）、"诵读古代诗词和浅易文言文，能借助工具书理解内容，背诵一定数量的名篇"（2000年）。从中可以看出，对文言文的教学要求经历了由精深到浅易并逐渐稳定下来的过程。同时，课程标准（教学大纲）中相关教学要求的变化也在一定程度上反映了社会对文言文的普遍认识和接受程度，以及认识需求。

2001年颁布的《全日制义务教育语文课程标准（实验稿）》和2003年颁布的《普通高中语文课程标准（实验）》分别提出"语文课程应致力于学生语文素养的形成和发展"和"高中语文课程应进一步提高学生的语文素养"的明确要求，并反复强调要"面向全体学生，全面提高学生的语文素养"。对文言文教学，要求"阅读浅易文言文，能借助注释和工具书理解基本内容"（7—9年级）；"学习中国古代优秀作品，体会其中蕴涵的中华民族精神，为形成一定的传统文化底蕴奠定基础。学习从历史发展的角度理解古代文学的内容价值，从中汲取民族智慧；用现代观念审

视作品，评价其积极意义与历史局限"和"阅读浅易文言文，能借助注释和工具书，理解词语含义，读懂文章内容。了解并梳理常见的文言实词、文言虚词、文言句式的意义和用法，注重在阅读实践中举一反三。诵读古代诗词和文言文，背诵一定数量的名篇"，"古代诗文的阅读，应指导学生学会使用有关工具书，自行解决阅读中的障碍。文言常识的教学要少而精，重在提高学生阅读古诗文的能力。要求学生精读一定数量的优秀古代散文和诗词曲作品，教师应激发学生诵读的兴趣，培养学生诵读的习惯"（高中必修课）；"培养鉴赏诗歌和散文作品的浓厚兴趣，丰富自己的情感世界，养成健康高尚的审美情趣，提高文学修养"，"阅读古今中外优秀的诗歌、散文作品，理解作品的思想内涵，探索作品的丰富意蕴，领悟作品的艺术魅力。用历史的眼光和现代的观念审视古代诗文的思想内容，并给予恰当的评价"，"借助工具书和有关资料，读懂不太艰深的我国古代诗文，背诵一定数量的古代诗文名篇。学习古代诗词格律基础知识，了解相关的中国古代文化常识，丰富传统文化积累"，"学习鉴赏诗歌、散文的基本方法，初步把握中外诗歌、散文各自的艺术特性，注意从不同角度和层面发现作品意蕴，不断获得新的阅读体验"（高中选修课）。不仅在具体要求的内容上有所增加，而且在能力要求上有所细化，有所增加。由此可以看出，作为新世纪语文教学的根本纲领对文言文教学的重视和人们对传统文化的自觉传承和有意识的回归。

《全日制义务教育语文课程标准（实验稿）》和《普通高中语文课程标准（实验）》已经分别实施了8年和5年，在具体的实施过程中，文言文教学对学生语文素养的形成究竟有着怎样的影响？从形成和提高学生语文素养的角度，分析中学文言文教学尚存在的问题，并提出可行的解决策略，是本文所要解决的问题。

﹡本文所谈的文言文，是广泛意义上的古汉语作品，包括诗、词、曲等古代诗歌作品，而非专指文言散文。

一、语文素养的提出和意义

经过20世纪末的语文教育大讨论，人们逐渐认识到语文教育教学中的很多问题归根结底是对语文教育目的的模糊和混淆造成的。在标准化试卷和考核的制约下，教师满足于知识的灌输，技巧的传授，学生也更多地把目光凝聚在试卷分数上，似乎记得多、背得牢、答得准就是学好了语文。为了明确语文学习的目的，摆脱应试思想的羁绊，2000年语文教学大纲提出了"语文素养"一词。与语文知识、语文能力相比，语文素养的提出不仅明确地将语文教育的目的和根本放在学习主体即学生身上，而且鲜明地体现出学生在语文学习中的过程性、发展性和综合性。

（一）语文素养的提出

古代语文教育是伦理、道德、修身、审美、政治等多种要素合一的大语文教育，因此一个人的语文水平往往和他的人格修养、审美能力、价值取向、人生态度、表达能力等各个方面息息相关。所以古人眼中的君子，既要有高尚的德行，又要具有深厚的文化底蕴和文学修养。在近现代的语文教育中，衡量一个人的语文水平往往看他的思想道德素质、语文知识和语文能力。思想道德素质是从个人品质、政治性和立场性来说的，人们认为语文学科文道统一的特点，使它"更具有进行思想教育的优势"[1]。这个概念反映了语文课的思想教化的功能，但是不能对语文学科本质属性做出全面揭示。而以语文知识为标准，则着眼于语文本身，它的提出使语文教育从语文之外回归到了语文自身，但是由于语文教育并不仅仅局限在语文知识的传授上，它还包括更广阔的内容，况且这里所指的语文知识本身也存在局限性，主要是指字词句篇、语修逻文，所以它对语文教育的意义也是有限的。语文能力的提法比语文知识有所扩展，它把视线从语文学科转移到个人能力，看到的是语文学习对外部世界的实际功用，强调其实用性。但是我们知道，语文教育的许多功能并不是实用性

1　李海林.《语文课程标准》基本理念的再认识.语文教学通讯（初中刊），2005年第7~8期，第7页。

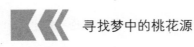

的, 而是修养性的。况且, 能力是保证某项活动取得成功的必要条件, 但却不是充分条件。某项活动能否取得预期的效果, 往往还与个人的性格特点、工作态度、物质条件、健康状况、人际关系等多种因素密切相关。所以, 能力是一个静态的概念, 它突出的是一种结果, 一种外在表现, 而它对这种外在表现的心理过程和积累形成过程有所忽视。在经历了20世纪末热烈的探讨、激情的批判和深刻的反思之后, 人们理性地认识到, 汉语文教育一定要符合汉语言文字的表意性, 以及由此形成的文章的整体性和模糊性, 不能照搬西方的教育理念和纯分析式思维, 而应向传统教育做某种回归, 积极借鉴某些好的理念和实践方法。由此我们认识到, 语文学科是一个由知识的积累、能力的形成、情感的熏陶和习惯的养成等多方面相互交织而成的共同体。语文素养是一个动态的概念, 它立足于对程度和过程的描述。它的内涵比语文能力更丰富, 基本涵盖了语文学习的本质和规律。它从语文与个人发展的关系这样的理论视野来概括语文教育的本质属性和功能, 从人的整个生命活动的层次来揭示语文教育的本质, 因而较之前几种概念有更强的理论性、科学性和深刻性。

(二) 语文素养的提出对文言文教学的意义

语文素养的提出使得人们有可能从一个崭新的视角来设计、理解和评价中学语文教学。素, 有平素、向来之意; 养, 有培养、教育之意。故素养一般指平时的修养和训练。由此观之, 语文素养的含义, 也就是对语文有长久的修养和训练的意思。[1]自语文素养的概念一经提出, 学术界就对其内涵和构成要素有各种不同的理解。如李海林认为: "所谓语文素养, 就是指人的语文生活所达到的一种境界和修养, 它是一个复合概念, 又是一个表示发展程度的概念。它概括了人的语文生活的各种要素, 又表示人的语文生活达到一定的境界。"[2]巢宗祺认为, 语文素养主要包括字词句篇的积累、语感、思维品质、语文学习方法和习惯、识字写字、阅读、写作和口语交际能力, 文化品位, 审美情趣, 知识视野, 情感态度, 思想观念。[3]谭文绮指出, 语文素

1　倪文锦. 初中语文新课程教学法. 高等教育出版社, 2003年版, 第16页。

2　谭文绮. 试析 "语文素养" 结构. 新课程研究 (教育研究与实验), 2005年第6期, 第4~7页。

3　韩雪屏. "语文素养" 的冰山模型. 语文教学通讯 (初中刊), 2002年第9期, 第9~10页。

养包括语文知识(陈述性知识、程序性知识、策略性知识)、语文能力(语感能力)、语文品质(语文习惯、语文动机、语文行为意识、语文态度)。[1]韩雪屏提出语文素养的"冰山模型"——基础层(思想水平、审美情趣、文化品位、道德品质)、动力层(语文学习态度、语文学习动机、语文学习习惯、语文行为意志)、实施层(语文感悟、语文知识、语文思维、语文技能)、操作层(听、说、读、写)。彭小明认为,语文素养包括语文知识、语文能力、语文心智、语文情意。倪文锦认为,语文素养包含显性言语行为(听、说、读、写),支配言语行为的智能因素(语言知识、言语技能、语文感悟、语文思维),参与和支配这些行为的直接心理因素(语文动机、情感和态度、语文习惯和语文行为意志),言语行为的背景要素(如言语主体的思想品德修养、文化知识积累、智力水平、人格个性、具体的语言环境等)。[2]王尚文认为语文素养即语文素质,它包括语感、语文思维、语文知识和语文技能。大体上又可以分为汉语素养和文学素养。[3]魏国良认为,语文素养包括语文学识、语文学养、语文学品。[4]刘淼在《当代语文教育学》一书中提出:语文素养就是在平时生活中表现出的语文的修养。它包含了养成与自主的性质,包含了语文知识与能力之外的反映文化潜能的东西,如情感、情趣等。

　　尽管学者们对这一概念的看法不尽相同,但也具有一定的共性特征:语文素养以语言能力为核心,向相关的人文素养、文学素养、文化底蕴等相关部分延伸,有着无限的延展性;以学生当下的能力、水平、状态为参照系,既蕴含修养、积淀,又指向未来和发展;在具体教学实践中,应以"知识与能力、过程与方法、情感态度与价值观"的三维目标为线索和角度展开;并不是直线型速进,而是螺旋形生长,并且语文素养内部各要素之间也会不断地相互影响,相互牵制,相互激发,是一个整体、立体的发展和变化过程。换言之,语文素养具有明显的过程性、潜在性和融合性。这就要求语文教师不能再以单一的目标、视角和评价看待每一个具体的学生和每一个教学环节,因为每一个学生都是其自身语文素养内在各因素的独特组合,因此每一

1　彭小明.语文素养论.兰州学刊,2004年第6期,第249~351页。

2　倪文锦.初中语文新课程教学法.高等教育出版社,第17页。

3　王尚文.中学语文教学研究.高等教育出版社,2002年版。

4　魏国良.现代语文学.上海教育出版社,2004年版。

个学生都有其自身发展的最佳角度和契机，教师再也不能无视每一个学生个体的独特性而"一以贯之"。同时，教师也不是万能的、全知的权威，要想达到理想的教育效果，就必须在自身努力钻研专业知识、认识学生、了解学生的同时，充分调动学生自身的因素，积极促使学生对自身进行认识、了解、把握和开掘。因而，语文素养的提出，与自主、合作、探究的学习方式是一致的，是互为表里的。教学过程是教师影响学生语文素养内在变化过程的最有效手段，因此教学环节不再是简单的教学手段和固定流程，它也因此具有了丰富的教育意义和神圣的教育使命。

具体到文言文教学，语文素养的提出至少有以下三方面的意义：

（1）凸显了学生作为学习者的主体地位

文言文的教学旨在使学生在古诗古文的吟咏、赏析中熟悉和了解古代汉语的特点，接近和理解传统文化，在潜移默化中实现"灵魂的转向"，拓宽学生心灵的视角。从这个意义上说，文言文的学习不能简单地等同于古汉语知识的被动接受。学习者从内心发出的对古诗古文的真实兴趣，比单纯成为知识的容器有意义得多。

（2）语文素养的形成具有过程性

文言文的教学固然需要精巧的教学设计、细致的教材分析，但教师的讲解、分析不能取代学生诵读、涵泳、积累的过程。由于汉语具有意合性，语法规则相对灵活，对于已经淡出了日常生活的文言文，学生需要更多的时间、更灵活多样的方法去熟悉它、了解它。这个反复玩味、揣摩的功夫是必要的，进而形成文言语感的丰富和积累。

（3）语文素养具有融合性

重"言"还是重"文"是文言文教学面临的突出的问题。语言知识的学习和文学作品的鉴赏两者并不矛盾。语文素养具有融合性，零散的语言知识和片面的文学欣赏对学生来说没有意义，我们要寻求的是二者的有效融合而非机械相加。只有"人"的意识凸显了，提高语文素养的意识形成了，"言"与"文"才能真正地在文言文教学中统一起来。

二、文言文教学的现状与问题分析

（一）文言文教学的现状

文言文教学一直是语文教学中的热点问题。刘占泉教授在《汉语文教材概论》中就曾指出，20世纪前期，文言文教学主要面对三大难题：一是文言与白话教学的主次地位，二是文言教学的标准，三是文言与白话的分教与混教；20世纪后期文言文教学面对另外三大难题：一是文言要不要学，二是文言教学的目的和内容，三是文言教学的方法。20世纪80年代，钱梦龙老师的一篇《文言文教学刍议》更是一针见血地指出了当时文言文教学的弊病所在，引起了广大教师和学者的关注。二十多年过去了，新课程改革也进入了第八个年头，应该说，文言文教学整体来看有所改观，主要表现在：教师已经不再把教学目标和内容凝固在词汇、语法的死记硬背上，甚至在某种程度上刻意地回避这些；朗朗书声时现于课堂。但同时，看似活跃的课堂却并没有使学生对文言文的学习兴趣和热情明显提高，在学习生活的具体行为中也没有流露出对传统文化的理解和认同。虽然有《赤兔之死》那样的满分作文，但大部分学生还是没有走出"一怕文言文，二怕周树人"的心理怪圈。

这些问题具体表现为：

（1）学生普遍认识到文言文学习的重要性，但学习兴趣不高

在本次调查问卷中，第5题考查的是学生对文言文学习重要性的认识。70%的学生认为文言文的学习对自己的学习、生活、人生态度"有一定影响"，6%的学生认为"有很大影响"，24%的学生认为"没有影响"。

而在考查学生对文言文学习兴趣的1、4两题中，61%的学生认为自己"不太喜欢"文言文，14%认为"很不喜欢"，只有25%选择了"非常喜欢"。对于作家作品的相关背景，57%的学生认为"一般，了解课内的就行"，表现出对文言文学习兴趣的有限性。（参见表1）

表1 关于文言文的学习态度和兴趣

第5题	文言文的学习对你的学习、生活、人生态度有影响吗		
选 项	有很大影响	有一定影响	没有影响
比 例	6%	70%	24%
第1题	你喜欢学习文言文吗		
选 项	非常喜欢	不太喜欢	很不喜欢
比 例	25%	61%	14%
第4题	你对作家作品的相关背景		
选 项	很感兴趣,不满足于课文注释	一般,了解课内的就行	不太感兴趣
比 例	38%	57%	5%

（2）对文言文教学价值及教学目标的设定比较褊狭

在第2题"文言文学习使你有哪些方面的收获"的选项中,选择"古汉语知识""古代文化常识""历史故事和人生哲理"的学生分别占63%、61%和60%,而选择"情感陶冶和触动""写作手法和表达艺术""思维的训练和心智的启发"和"其他"的则只占37%、15%、17%和10%。从学生的学习收获可以反观教师在教学目标的设定上比较传统地侧重在知识传授、哲理启发等显性层面上,而对情感、思维等隐性层面涉及较少。（参见表2）

表2 关于文言文教学的目标

第2题	选 项	比 例
文言文的学习使你有哪些方面的收获（多选）	古汉语知识	63%
	古代文化常识	61%
	情感陶冶和触动	37%
	历史故事和人生哲理	60%
	写作手法和表达艺术	15%
	思维训练和心智启发	17%
	其他	10%

（3）师生交流互动不够充分,教学方法尚显单一

从第17题的选择情况看,74%的学生认为对课文常有自己的观点、看法或质疑,而第15题"在课堂上是否有机会和同学、老师交流阅读文言文的感受"中,16%的学生认为"经常有",63%的学生认为"偶尔有",21%的学生认为"几乎没有"。第16题"在课外空闲时间,你会很有兴趣地回味、反思读过的古诗文吗"的选择中,只有9%的学生认为"常常会",71%的学生认为"偶尔会",20%的学生认为"从不会"。这反映出教师对传统的授受式教学比较青睐,而对涵泳、探究等方法重视不够。(参见表3)

表3　关于教学方法

第15题	你在课堂上是否有机会和同学、老师交流阅读文言文的感受		
选　项	经常有	偶尔有	几乎没有
比　例	16%	63%	21%
第16题	在课外空闲时间,你会很有兴趣地回味、反思读过的古诗文吗		
选　项	常常会	偶尔会	从不会
比　例	9%	71%	20%
第17题	你对教材中的文言文是否常有自己的观点、看法或质疑		
选　项	有	没有	
比　例	74%	26%	

(二)文言文教学的问题分析

有研究者早就指出:文言文教学的问题,最初是表现为中高考指挥棒下的"重言轻文",注重疏通字词,归纳语言点,甚至是全文翻译,脱离了具体语言环境,剥离了文学文化内涵,几乎变成了纯粹的古代文字学习,也就是钱老师所说的"字字落实,句句清楚";后来则表现为新课标指引下的"重文轻言",一时间,看似热闹的表演、讨论、"创造性的解读"、盲目的批评与膜拜充斥课堂。脱离了语言根基的文言文教学成了无本之木、无源之水,并没有达到风行水上、水到渠成的教学效果。[1]而高考试题的改革是渐进的、有限的,于是热闹的教学背后是学生面对考场时的失败。然而我认为,中学文言文教学的真正症结不在言与文,而在"人"。不论是"言而

1　李政.论高中文言文的语言学习.华中师范大学,2008年版,第1页。

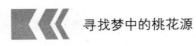

无人"，还是"文而无人"，最终都只能导致文言文教学的失败。因为语文教学的最终目的是形成学生的语文素养，提高语言能力，所以文言文教学的旨归也必然是为形成和发展学生的语文素养服务，而不是单纯记忆语言知识、架空式的文学鉴赏。并且，言与文的真正统一，能且只能落实于语文素养。

这里所说的"人"，首先指的是文言作品的作者和作品中的人物。不要说在"重言轻文"的时代我们看不到作者或作品中人物深刻的内心世界，只把他们贴上机械的标签以供答题时使用，就是在"重文轻言"的时候我们又真正给作者或作品多少自我言说和展现的机会呢？我们用现代人的快餐文化和思维想当然地同化遥远时空中的古人，更多地看到他们的固执、愚鲁和呆板，而不是真诚地理解和欣赏他们的忠贞、坚定和执著。阅读是作者和读者对文本意义的共同构建，显然缺失其一的阅读教学无论方法怎样得当、策略多么巧妙，都必然是失败的。

"人"的第二层意思指的是语文教师。语文教师作为文言文的先于学生（一般来说）的读者，总会有对作品的个人体验和意义理解。在"重言轻文"的时代，语文教师把自己的体验和理解部分或完全地隐藏于参考书和相对比较固定的语言知识之后；在"重文轻言"的时候又过于无私地完全让位给学生。学生在教师的讲授中看不到先前的读者，又由于前理解的有限就难免出现偏颇。

"人"的第三层也是最重要一层意思指的是学生。因为文言文作者"思垂空文以自见"，即使在课堂中没有自我言说的机会，但文本的流传和保存本身就成就了作者跨越时空的沟通可能；语文教师虽然不把自己的理解表达出来，但作为一名成熟的阅读者，他有可能深切把握作品的内涵并借此丰厚自己的素养。然而中学生不同，他们的内心是有浅浅底色的画布，正渴望瑰丽而厚重的颜色为人生奠基和剪彩。失去文言文土壤的浸润，生命之树会黯然失色；缺乏自我言说以及和其他读者对话的机会，意味着意义生成和视界融合的失败。也就是没能打开语文素养的开放结构，促成其内部各个要素的运动，从而实现语文素养的发展。

从问卷调查中第20题的调查结果来看，有63%的学生认为，自己"对故事中的人物或作者的议论、抒情有同感"，这表明当代学生具有一定的凭借自身生活经验和知识储备与文言文本对话的可能性，正是这种共通性构成了学生与文本深层次精神对话的基础。再结合前面所述的第15、17题的调查结果，可以发现文言文课堂上学生的表达和交流空间还是极为有限的，这与学生的表达欲和探究欲构成强烈反差。

三、语文素养视野下的中学文言文教学价值分析

语文素养是一个内涵很丰富的概念，以形成和发展学生的语文素养为根本出发点，文言文教学有它不可替代的地位和价值。这可以从以下几方面分别论述：

（一）提高语言能力

虽然人们对"语文"这一概念的理解和界定存在争议，但不可否认，语言是语文的重要组成部分，语言能力是形成语文素养的关键和根基。诚如卡尔·雅斯贝尔斯所言："要成为人，须靠语言的传承方能达到，因为精神遗产只有通过语言才能传给我们。"[1]张汝伦认为："归根到底，语言与世界的关系是人与世界的本体论关系，世界不可能不与人发生关系，而世界与人的关系其实都是一种语言关系，因为对于人来说，世界就是语言的世界。"[2]海德格尔也认为："无论如何，语言是最切近于人之本质的。触处可见语言。"[3]文言是古人的书面语言，它不仅是当时社会生活、世态人情的历史再现，更是经过历代文人反复锤炼、精心推敲并经过时间检验而历久弥新的语言精华。乔姆斯基曾经提出转换生成语法说，指出："很难令人相信，一个生来对语言基本性质毫无所知的机体可以学会语言的结构。"（《句法理论若干问题》，第58页）他认为语言的本质不是外在的、环境的，而是内在的、生理的、物种的、遗传的。如果按照达尔文的进化理论和实验观察，动物胚胎在发育过程中会显示出生命的历史演变过程，并且上一代个体通过遗传现象可以影响后代的生长发育，那么，使用某种语言的人对其使用的语言的基本性质可能有某种先天的语法装置的继承。而这种语言习得机制在适合的环境和土壤中就生长成为具体的语言能力。诗人

1　http://www.studa.net/xueke/060916/12011473.html。

2　张汝伦.意义的探究——当代西方释义学.辽宁人民出版社，1987年版，第217页。

3　［德］海德格尔著，孙同兴译.在通向语言的途中.商务印书馆，2004年版，第1页。

流沙河曾说："中国人有中国人的心态，中国人有中国人的耳朵。"很多人认为文言是已经没有现实意义的语言，因而没有学习价值，这个观点是站不住脚的。首先，从语法角度说，虽然古汉语中有一些与现代汉语相异的内容，但在语法的某些根本特点上是一致的。并且相异的这部分内容在现代汉语中也偶有体现，因而是容易被理解的。如用某些特殊的词语来表示被动关系，"见笑""见谅""为人所不齿"等等；又如形容词的使动用法，"美容""洁面乳"之类。其次，从语义角度看，古今语汇差别较大。就像吕叔湘先生归纳的那样，有一部分语汇古今完全相同，另一些部分相同（如古汉语单用现代不单用，像"弃甲曳兵"的"弃"），还有一些现代还用，但意思不同（如"弃甲曳兵而走"的"走"），还有一些现代完全不用。[1] 但同时我们应该看到，古今语汇有着紧密的源流关系，并不能截然分开。通过一些成语、习语、典故、文史资料，一些古汉语语汇保存了下来，依然有很强的生命力，而如果我们对古汉语一无所知的话，反而很难理解它们的意义和用法。如"狐假虎威"中的"假"，没有一些古汉语常识会使人很难理解它的意思。相反的，如果积极利用古今汉语源与流的关系，就会使对词语的理解顺畅自然，水到渠成。另外，近年来语言学的研究表明，我们今天使用的一些所谓新词，古汉语中早已有之，如"偶像"。所以，古汉语语汇还是现代汉语语汇可以吸收、借鉴从而完成自身拓展的源泉。最后再从语用角度分析。我们可以认为《赤兔之死》等高考满分作文是特例，具有一定的特殊性，因为今天已经不再倡导，也没有必要进行文言文的写作，但是"腹有诗书气自华"的信念确是对语文教学的一种忠告。在文言文的朗读或阅读中，学生不仅获得了美的体验，而且有可能把其中的精华自然而然地内化到自己的言语系统中，从而使口语表达、下笔成文更加轻松和优美。近现代的文学大家，如鲁迅、朱自清等人也都有着深厚的古文修养。所以，如果我们只满足于说清某个平常的意思，听懂别人简单的信息和语言，那么现代汉语足以担负这个任务；但若我们致力于意蕴深刻、辞章优美、对现代汉语有所发展，则必须借鉴文言中的优秀成分。现代汉语还没有成熟和发展到能够完全脱离古汉语而游刃有余的地步（虽然这可能是未来的现实和我们希望看到的结

1　吕叔湘. 吕叔湘文集（第四卷）. 商务印书馆，第310页。

果），但我们要承认，现代汉语的成熟和完善还需要文言文的陪护和扶持。因而要提高学生听说读写等语言能力，就不能忽视文言文的辅助作用，培养学生的语感，也无法脱离文言文的根基。因此，文言文的语言教学目标不在于掌握多少古汉语语法规则和写作方法，而在于以文言文为中介和桥梁提高学生现代汉语的感悟、鉴赏、理解和表达能力，即提高现代汉语的语言能力。

尽管语言教学目标是文言文教学的显性目标，63%的学生都能意识到语言知识学习的重要性，但是在文言文学习困难的主要来源的选择中，83%的学生选择了"文言词汇、语法与现代汉语的差别"（见附录）。可见，语言教学目标仍是文言文教学急需落实的首要目标。

（二）进行情感教育

白居易说过："感人心者，莫先乎情，莫始乎言，莫切乎声，莫深乎义。诗者，根情，苗言，华声，实义。"[1]人本主义心理学也告诉我们，现代教育要树立知情统一的教学目标观，指出情感和认知是人类精神世界中不可分割的有机组成部分，彼此是融为一体的。提倡培养躯体、心智、情感、精神、心力融汇一体的人，培养既用情感方式、也用认知方式行事的情知合一的人，从而实现教育效果的最优化和人的完整、和谐发展，塑造身心全面发展和善于适应变化、知道如何学习的人，即所谓的"全人教育"。情感教育是阳光、食物、水，它使学习者的自我潜能得以发芽和成长，在掌握知识和技能的同时，不至于心灵干枯甚至丧失自我。从社会和人类发展的眼光来看，我们不仅要培养医术精湛的大夫，更需要培养救死扶伤心系病患的悲悯情怀；不仅需要培养企业人才和科技精英，更需要培养关心他人奉献社会的博爱精神。前者，能让我们享受高品位的物质生活；后者，则让我们有安定的环境和美好的心情去感受前者。中学阶段正是人生发展的关键时期，是一个人人生观和世界观正在形成的时期，因此也是情感教育的最佳时期。

雅斯贝尔斯在《什么是教育》一书中提出："教育是一棵树摇动另一棵树，一片

1　张少康.中国历代文论精选.北京大学出版社，2003年版，第193页。

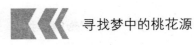

云推动另一片云,一个灵魂唤醒另一个灵魂。"当校园生活中失去了爱的感染,发自内心的关注和宽容和谐的气氛时,当人们对教育的理解和期望只限于知识与技能的获得和升学考试的分数,当教育过程成为获取功利的手段时,各种问题便暴露出来。过重的学习负担和竞争压力使学生心理问题的发生率高了,师生矛盾、生生矛盾也增加了。本应天真无邪纯真活泼的孩子们却对学习喜爱不起来,同学之间也仿佛有一道无形的墙,把他们按照成绩的高低隔离开了,心灵上过早地学会了猜疑和戒备。身在其中的学生们习以为常,教育者和管理者们也视而不见,因为这些在考试分数、在教育评价中是反映不出来的。直到一些悲剧的发生,如马加爵事件等,学生的心理健康和情感培养问题才稍稍得到重视。大学生的心理问题很大程度上是他们以往情感问题的积累和宣泄。如果一个人心中有爱,能够得到并感受别人的关爱,能够给予并欣喜于付出爱,那么他是不会走上犯罪道路的。教育应该承担起教会学生如何去爱的能力。如果孩子们在学校里就学会了只关注自己,而忽略他人,很难想象他们走出校园后能自然而然地关心他人,同情弱者,很难想象未来社会能温馨和谐,能"老吾老以及人之老,幼吾幼以及人之幼"。看起来我们可以把情感教育叫做道德教育,然而不是的。德育中有很强的情感成分,没有情感的投入,德育只是一个空洞的躯壳,没有任何意义。情感教育则包含学习兴趣的调动,学生内心世界的建构等多方面内容。拿破仑曾是一个调皮爱惹事的孩子,他的父亲向别人介绍说:"这是希尔兄弟中最坏的一个。"而拿破仑的继母却说:"他看起来是孩子们中最伶俐的一个。"从继母的话中小拿破仑看到了自信和希望,并最终成为一个了不起的将军,这不能不归功于母亲对孩子真诚的爱和希望,这就是一种情感教育。另一位智慧的母亲对被幼儿园老师称为"患有多动症的孩子"说:"老师说你今天表现很好,如果能坐稳些就更好了。"当孩子被认为很难考上重点高中时这位母亲告诉他:"老师说你这学期很努力,进步很大,很有可能进重点。"在母亲一路的安慰和鼓励下,这个孩子走进了清华大学的校门。这也是情感教育的一个生动的例子。两个故事都告诉我们,积极的情感鼓励可以改变孩子的一生。要想收获好的庄稼,只撒种、浇水是不够的,必须先翻地锄土,让种子有良好的生存环境,教育也一样,在教授各种知识和技艺使之成才前,先要给孩子信念和希望、宽容和鼓励，这样我们的教育才不会被功利所包围和驱动。所以，当代教育中的功利性问题，学生在学习中的主体性问题，创造性思维的培养问题，都涉及对学生进行情感教育的问题。

"情动于衷而形于言"。情感是作家进行创作的最主要心理动机和读者阅读鉴赏的最直接的心理体验。古人天人合一、物我交融的精神境界和审美追求使得他们的情思无处不在。"感时花溅泪，恨别鸟惊心。"无论山川日月、鸟兽虫鱼，还是风雨变化、人生起落，都是先人寄情留意之处。既有《项脊轩志》那样的感人亲情，也有《孔雀东南飞》那样的悲壮爱情；既有"苟利国家生死以，岂因祸福避趋之"的爱国之念，也有"念去去，千里烟波，暮霭沉沉楚天阔"的离别之思；既有"采菊东篱下，悠然见南山"的闲适之意，也有"西北望，射天狼"的战斗豪情。"情者，文之经；辞者，理之纬。经正而后成，理定而辞畅，此立文之本也。"[1]更难能可贵的是，古人凭借精湛的语言技巧，把种种情思、理想、信念、期望写得细腻亲切，真实可感。所以，文言文的潜在教学价值是对学生思想、性格、情感、气质的潜移默化，是对责任、理想、观念、追求的深层塑造。如果在教学中忽略了情感目标，那就会造成过宝山而不入或买椟还珠的巨大遗憾。

情感在古诗文中的体现可以通过下面这个例子说明。白朴曾作《天净沙》：孤村落日残霞，轻烟老树寒鸦，一点飞鸿影下，青山绿水，白草红叶黄花。这首词与马致远的《天净沙·秋思》在词牌、用韵、写作手法上都非常相似，但是情感的不足使得它的艺术水平逊色不少。可见，优秀的古诗文常常以情取胜，情感是文言文的生命力所在。

（三）实现文化传承

"文化是一种通过符号在历史上代代相传的意义模式，它将传承的观念表现于象征的形式之中。通过文化的符号体系，人与人得以相互沟通、绵延传续，并发展出对人生的知识及对生命的态度。"[2]梁启超说："文化者，人类心能所开释之有价值

1　周振甫. 文心雕龙今译. 中华书局，1986年版，第288页。

2　[美]克利福德·格尔兹. 文化的解释. 上海人民出版社，1999年版，第11页。

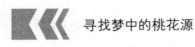

之共业也。"从广义上说，文化是人类与一般动物，人类社会与自然界有本质区别的独特生活方式；从狭义上看，则专指精神创造活动及其结果。[1]华中科技大学教授、中国科学院院士杨叔子先生认为："人文文化是一个民族的身份证。没有先进的科学技术，我们会一打就垮；没有人文精神、民族传统，一个国家、一个民族会不打自垮。"[2]人是文化的动物。人类社会靠文化承传而延续，靠文化创新而发展。文化是人类社会的"基因"。从这个意义上说，"丧失民族文化，就是丧失这个民族"。[3]

文化是历史对现实的关照，也是现实对历史的反思。它凝聚着一个民族对生命和世界的历史认知和现实感受，进而固化为一个民族最深层的精神内核和行为准则。从马丁·路德·金慷慨激情的演说词中，我们能够听出美利坚民族对自由、平等的无上崇敬和执著追求；从"人生自古谁无死，留取丹心照汗青"和"取义成仁今日事，人间遍种自由花"的誓言中，我们可以感受到中华文化对为国为民舍生取义的坚定信念和自觉践行。"文化问题最终是人的问题，人的社会问题和社会性之人的问题，对文化的关注终究是对人、对人的社会的关注。"[4]文化底蕴是一个人语文素养之树得以滋养和成长的根系和土壤。没有文化内涵和依托的语言和情感是单薄的、无力的，很难引起广泛的理解、认同和共鸣。人类在文化中呼吸，须臾不可少。有人说"儒家思想是中国人精神的'粮店'，道家思想是中国人心灵的'药店'，佛家则是'百货店'"。从解释学的意义上说，人的存在表现为对世界和生命的理解和探寻，"我思故我在"。事实上，文化的思想浪花无时无刻不拍击着我们心灵的某一个角落，拍击着现实社会的点点滴滴。它给我们提供思考的角度和出发点，也给我们反思、寻找和重新建构的智慧和勇气。文言文展现着古人的价值取向和思想观念，是民族文化中不可多得的瑰宝。同时，文化又是不断发展变化的，它是生生不息的河流，而不是停滞不前的死水。它需要当下的人对前人的、异域的文化进行反思和借鉴，以完成自身的涵化（文化学概念，指文化的包容和扩展），从而服务于当下的社

---

1 张岱年、方克立. 中国文化概论. 北京师范大学出版社，2004版。

2、3 杨叔子. 我的语文观. 语文月刊，2009年第2期，篇首语。

4 胡潇. 文化的形上之思. 湖南美术出版社，2002年版，第3页。

会现实和人生境遇。后人总是借鉴前人的思想成果反观现实的人生和问题，既有对前人的理解和继承，又有对文化的取舍和扬弃。文化的意义不在于背负起来成为前进的负担，也不在于陈列起来做无聊的摆设，它的意义在于随时等待被汲取、被开发、被创造。所以，对文言文的教学不仅要重视对传统文化的认同和传承，更要教会学生进行历史和现实的对照与反思，不仅要"为往圣继绝学"，更要"为万世开太平"。

在语文教学中完成对传统文化的传承，并不是大而空泛的，它可以有具体的内容和体现。因为文化早已渗透在语言符号的各个方面，这里仅以汉字教学为例。汉字始于象形，始于对自然景物的描摹，因而既有抽象思维的参与，又有具象特质的体现。它们不是简单的符号，而是一个个活生生的生命再现单位，蕴含着丰富的情感和信息。比如解释"沓"字，就不应只将它解释为沉寂，而要将它还原成一幅这样的图画：夕阳西沉，滑下树梢，一切都沉寂下来。[1]实践也表明，有小学老师利用甲骨文的象形特性进行文字教学取得了很好的教学效果。一个单独的汉字文化内涵尚如此，那么，选入教材的一篇篇文言经典更有无穷的文化内涵等待教师和学生共同去品味和发掘。所以，对传统文化的继承目标，可以分解为：第一，对传统文化的真诚理解和认同；第二，对传统文化的合理反思和超越。

雅斯贝尔斯认为，孔子、老子所处的时代是世界的轴心时代。他在《历史的起源与目标》中写道："人类一直靠轴心时代所产生的思考和创造的一切而生存，每一次新的飞跃都回顾这一时期，并被他重燃火焰。自那以后情况就是这样，轴心期潜力的苏醒和对轴心期潜力的回归，或者说复兴，总是提供了精神的动力。"可见，历史和文化赋予当代人的，不是沉重的包袱，而是前进的动力。

古诗文的学习还有利于对现代作品的理解。如果没有《诗经·豳风·七月》中"七月在野，八月在宇，九月在户，十月蟋蟀入我床"的吟咏，没有杜甫的"促织甚细微，哀音何动人"的低诵，没有杨万里"一声能遣一人愁，终夕声声晓未休"的歌唱，我们就很难理解当代诗人流沙河在《就是那一只蟋蟀》中所表达的深情厚意；没有

1　曹明海.语文教学本体论.山东人民出版社，2007年版，第272页。

古典诗文中关于丁香花的咏叹，也不可能真正走进戴望舒的《雨巷》。深厚的古典文化素养可以使现代文的学习游刃有余，左右逢源，反之则可能无所适从，左右碰壁。另外，古典文化其实早已通过各种符号、行为、传说、榜样渗透进我们的人格和精神，潜移默化地影响着我们的价值取向。一个人要想立足于现实社会，就必然要适应和认同最基本的文化心理。

（四）达到思维培育

思维是一种心理现象，同时也是一种脑力活动，它是人脑反映事物的一般特性和事物之间有规律的联系，以及通过已有知识为中介，进行判断、推理、联想和想象来解决问题或进行创造的过程。[1]人们无法了解某一个人所思所想的具体过程，但却可以通过语言及其文字符号走进他人的精神世界。因为语言是思维的表征，所谓"征于色，发于声，而后喻"。切斯特菲尔德说："语言是思维的衣裳。"维果茨基认为，人具有其他动物所没有的高级心理机能，其核心特征是人能够利用符号工具——不仅用符号工具完成相互之间的交流，而且用符号工具掌握自己的心理过程，即用语言进行思维。语言、情感、文化无时无刻不在塑造着我们的思维，又无时无处不受到思维的牵制和束缚。思维是语文素养之树的躯体和主干中那些输送营养物质的管状纤维。它是语文素养中最复杂的部分，既是人的生理特征，可以从大脑的机能去研究，又具有社会特征，会受到教育、交往等社会行为的制约。它平时不显现出来，但一旦思维僵化或中断，语文素养之树便会随之失去生命力。卫灿金认为："语文的理解和表达过程，既离不开语言，也离不开思维。语文既有着语言的性质，也有着思维的性质。语文的内在本质是语言和思维的辩证统一。"[2]教学是通过阅读课文引导学生进行自我审视和评价，以提高其个人激发思维能力的过程，因此从某种意义上说，阅读的核心是思维。

思维可以分为许多种类，如钱学森将思维分为抽象（逻辑）思维、形象（直感）

1　彭华生.语文教学思维论.广西教育出版社，2001年版。

2　卫灿金.语文思维培育学.语文出版社，1994年版，第89页。

思维和灵感（顿悟）思维三类，斯腾伯格将思维分为应用性思维、分析性思维和创造性思维三类，按实践活动的目的性可以分为上升性思维、求解性思维和决策性思维，按思维的意识性又可以分为"我向思维"和现实性思维等等。[1]

（1）文言文教学与形象思维的发展

形象思维的特点是具有直接可感性，始终与情感态度相伴随，具有可袒露性和可描述性。汉字是象形文字，汉民族的潜意识中有着天然的形象思维萌芽。从"画成其物，随体诘诎"的造字法，到"参差荇菜，左右采之"的吟咏；从"长河落日圆，大漠孤烟直"的白描，到"野芳发而幽香，佳木秀而繁阴"的体验；从"亭亭净植，不蔓不枝"的外形，到"急湍甚箭，猛浪若奔"的气势，无不凝聚了古人对客观世界的感性认识。古人把形象的感受通过抽象和概括行诸笔端，正如郑板桥所说，"眼中之竹非心中之竹，心中之竹非笔下之竹"。所以，当我们想通过语言文字了解作者当时的所思、所想、所感，首先就要充分调动我们的形象思维，通过生活经验、场景的再现，通过联想和想象，达到身临其境、感同身受的境界。不仅如此，古人的人生感悟、哲理思辨、悲喜慨叹，也都需要我们通过形象思维还原情境，设身处地才可能与作者产生情感上的共鸣。形象思维与其他思维类型一样，只有经常受到相关现象、材料的触动和激发，才会不断向更深更广处发展，而文言文无疑是发展形象思维的绝好材料，文言文阅读教学就是发展形象思维的最佳时机。

（2）文言文教学与抽象思维的培育

抽象思维也称为逻辑思维，它在语文教学中常被忽视。其实，人是感性精神和理性精神的结合体，二者须臾不可分。恩格斯曾说："一个民族想要站在科学的最高峰，就一刻也不能没有理论思维。"[2]石中英也在《教育哲学导论》中指出："教学是一种理性的探险。"细细想来，文言文中也不乏类比、推理、辩证等思辨的内容。如"学而时习之，不亦说乎？有朋自远方来，不亦乐乎"的类比，"孰知赋敛之毒有甚是蛇者乎"的强烈对比，如"虽我之死，有子存焉；子又生孙，孙又生子；子又有子，子

1　朱志贤、林崇德.思维发展心理学.北京师范大学出版社，2002年版，第18~25页。

2　卫灿金.语文思维培育学.语文出版社，1994年版，第1页。

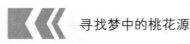
又有孙；子子孙孙无穷匮也，而山不加增，何苦而不平"的推理，如"横看成岭侧成峰，远近高低各不同"的辩证。

在文言文的学习过程中，学生要对各种文言实词、虚词、特殊句式的用法进行归纳、概括，要对古文言简意赅的表达进行合理扩展和演绎，要对古今词义、现象、价值取向进行分析、对比，所以，文言文的教学绝不可能脱离抽象思维而"独善其身"。抽象思维是形象思维的有力辅助，可以帮助学生形成思维的深刻性。说理性文言文的行文还体现出作者思维的缜密性。如语文版九年级下册的《周公诫子》一文写道："吾闻，德行宽裕，守之以恭者，荣；土地广大，守以俭者，安；禄位尊盛，守以卑者，贵；人众兵强，守以畏者，胜……"从六个方面阐述谦虚谨慎、尊贤重士的重要性，涵盖了为人处世的各个方面。又如在《曹刿论战》中，"衣食所安，弗敢专也，必以分人""牺牲玉帛，弗敢加也，必以信""小大之狱，虽不能察，必以情"的层层深入，表现了作者思维的层次性和逻辑的清晰性。"一鼓作气，再而衰，三而竭"的规律总结，更体现了思维深刻性和概括性。

（3）文言文教学与灵感思维的启发

灵感思维是人们借助直觉启示而对问题得到突如其来的领悟或理解的一种思维形式。或称灵感思维是在无意识的情况下产生的一种突发性的创造性思维活动。[1]它与直觉思维和创造性思维密切相关，一般说来具有普遍性、突发性、独创性和沉迷性。古人不了解灵感思维的心理机制，认为是"神与物游""神来之笔"。其实灵感的闪现靠的是广泛的积累和深入的思考，它是时间与积累酿造的美酒，看似信手拈来，实为厚积薄发。文言文的教学要注重启发学生的灵感思维，一是通过品味"落霞与孤鹜齐飞，秋水共长天一色"那样的佳句，感受灵感思维的硕果；二是通过大量的诵读和积累为灵感的闪现准备材料，使得学生有可能亲身体会灵感所至的快感。情境的创设也对灵感思维的发生有一定的作用。灵感实质上就是外界信息或刺激对于内在积累和储存的一种激发。所以启发灵感思维就必须重视有意识的广泛积累和培养对外界事物的敏锐的感受力。大诗人李白的作品是灵感思维的绝好代

1　陈玉秋.思维学与语文教育.广西师范大学出版社，2007年版，第13页。

表,从"飞流直下三千尺"的瀑布,到"白发三千丈"的愁绪,从"月下飞天镜"的遐想,到"空中闻天鸡"的神思,无不给人灵魂的震撼和灵感的激发。文言作品以其独有的精约之美凸显了灵感思维的神奇和美妙,令人向往。

(4)文言文教学与创造性思维的培养

人类社会的发展需要知识和信息的不断创新,因此创造性是思维能力的一个重要衡量标准。当然我们不可能要求每个人都成为爱因斯坦那样的科学家,但是我们可以通过语文教学启迪一种对人生、对世界的探索精神,一种对前人、对权威不迷信、不盲从的求真意识。事实上,正如前所述,文言文所承载的传统思想观念和价值取向与现实世界有很大差别,而在分歧、差异、疑惑处最容易引发创造性思维的火花。古人的看法值不值得借鉴,今人的想法值不值得反思,或者相反,或者还有没有更好的想法和做法……这种思考和构建,既是文化传承的必需,也是创造性思维生长的温床。建构主义思想和哲学解释学都告诉我们人生的意义来自于自我对世界的理解、认识和心理构建,所以创造性思维在某种意义上还表现为丰富和改变自己原有的思维模式,走向一种视界的融合。比如被称为"孤篇压全唐"的《春江花月夜》,如果理解为一位游子思念自己远在家中的妻子的感受,就是一种常式思维;而如果通过"明月楼""玉户""捣衣砧"等代表不同身份、地位的人的意象而生发到此处的相思不是具体的哪一个人的相思,而是一种情境下整个社会的相思的理解,就是一种创造性的思维。创造性思维实质是个人知识、情感、能力储备的综合体现。

古诗文中不乏创造性思维的火花,很多古诗文作者具有逆向求新、多维扩展等创造性思维的潜质。例如,刘禹锡的"自古逢秋悲寂寥,我言秋日胜春朝",就有一种独树一帜、卓然不群的气质风格。再以周敦颐的《爱莲说》为例。赞美莲花的文字自古有之,如杨万里就曾写过"毕竟西湖六月中,风光不与四时同。接天莲叶无穷碧,映日荷花别样红"和"泉眼无声惜细流,树阴照水爱晴柔。小荷才露尖尖角,早有蜻蜓立上头"的千古名句。这两首诗分别从宏观和微观角度,对荷与莲的外部形态进行描写,其细腻和情致使得其他作品难出其右。但是周敦颐别开生面,从内涵、气质、神韵的角度去写荷与莲,融会了作者对世态人生的深刻思考,因而显示出清新超然的艺术感染力。

如前所述，从问卷调查第2题的回答情况不难看出，在上述的诸多因素中，思维培育是比较容易被忽视的一项，只有17%的学生意识到了文言文学习对思维发展的作用。因此思维培育是比较容易被忽视的文言文教学的隐性价值，应该给予一定的重视。

（五）促进学习习惯养成

未来的社会是学习型的社会，并且是终身学习型的社会，所以学校教育不能再满足于知识的传授，更要着眼于学习方法的指导，学习习惯的养成。课内所见的文言文毕竟有限，要真正通过文言文的学习丰富语言知识，形成语文能力，发展思维，升华情感，体味文化，还必须借助大量的课外阅读和不断学习。一般来说，要教会学生使用常用的古汉语工具书，养成"博学之，明辨之，审问之，慎思之，笃行之"的学习习惯，善于熟读精思，乐于涵泳探究，不仅能提出问题，而且能借助各种资料、方法解决问题。能自觉地徜徉在文言作品之中并从中创造性地获得自我理解和意义。

从调查问卷第3题的回答情况看，70%的学生选择"有时会"主动查阅工具书和相关资料，而选择"经常会"这样做的只有14%，选择"不会"查阅的则占16%。再从第12题的作答情况看，选择"经常会"主动抄录名篇佳句的学生仅占4%，而选择"有时会"和"不会"的各占48%。这些数据都可以从一定层面上反映出学生的文言文学习习惯还存在一定的问题，这必然影响文言文教学的效率和效果。因此，文言文教学的这一价值尚有待认同并在实践中得以体现。

四、语文素养视野下的中学文言文教学策略

为了充分实现文言文教学的应有价值，全面发展学生的语文素养，中学文言文教学需要针对教学现状和问题，从教学目标、教学观念、教学资源、关键因素和教学方法等多个角度和层次，采取有效策略，作出合理调整。

（一）合理定位——明确文言文教学目标

从语文素养的视角出发，反观教学实践中的目标设计，不难发现，言语知识与

技能等显性目标常常在教学活动中得以凸显,成为教学活动和教学评价的焦点。文学文化常识、哲理内涵等内容也在实际教学中得到了足够的重视。但是情感、思维等隐性目标却没有受到应有的关注,即使有时写在教学设计之中,也很少在教学活动中加以落实。虽然语言文字是学生阅读文言文的主要障碍,但是从人的全面发展和发展语文素养的立足点出发,隐性教学目标是不可或缺的。具体到每一节课当中,教学目标不是所有内容的简单加和,而是根据教材内容和教学内容有所侧重。有些文章内容较浅,容易理解,就可以适当增加情感、思维等隐性目标所占的分量。即使对那些内容比较艰深、需要克服较多文字障碍的文言文来说,情感教育、思维培育、习惯养成等隐性目标也不可偏废,只是需要准确把握教学时机和教学的度。

(二)更新观念——适应教学目标的转向

教学目标由一维到多维的转化常使语文教师感到无所适从,源自于旧的教学理念中深刻的二元对立思想,非此即彼,造成语言、文学长期的分化与对立,也导致师生主体地位的观念冲突。所以,真正解决文言文教学的问题要从更新教学观念做起,在这方面,现代哲学、文艺学的理论发展可以给我们很好的启示和借鉴。

1. 主体间性与文言文教学

犹太哲学家马丁·布伯以主体间性理论对传统的主体概念进行了质疑和进一步思考。传统意义上的主体基于主体和客体的思维对立,例如,在人与自然之间,人是主体而自然是客体;在“我”与你之间,“我”是主体,你是客体,是“他”。这个意义上的主体是单向度的主体,主体性体现在对“我”的需要的满足上。这样的主客体关系马丁·布伯称之为“我—他”关系。这种关系看似突出了个体的主体性,实则是对主体性的消弭。因为主体性的本质是一种价值概念,“我”的实现基于他人的扶持与响应。因而当每个“我”都单向地要求他人成为自己的“他”的同时,他自己也必然成为他人的“他”。当谁都可以成为单独的“我”时,谁都无法成为真正意义上的“我”,而仅仅是实现他人之“我”的“他”。这时候,每一个“我”都因得不到扶持与响应而失去了“我”的本意。正是在洞察这个症结的基础上,马丁·布伯大胆地指出:“人类实存的根本关系是人与人。……它扎根于一个转向另一存在的在者,以与另一存在在一个二者所共有但又超出各自特殊范围的领域相交流。我把这一领域称为'之间'领域。'之间'并非附属建筑,而是人际间所发生事件的真正场所和承担者"[1],"只有通过与'你'的关系,我才实存"。[2]这种取消了单独的"我"与"他",而将"我"与"他"共置于某种共在的关系称为"我—你"关系,它恰恰成就了"我"的主体性,表明只有在主体"间"才有主体性。这种关系是心灵与心灵的关系,是教育的追求和实现教育意义的必然选择。

当我们用主体间性的视角去审视中学文言文教学,就会发现,我们一直在语言、文学(文章、文化)谁是主体的问题上左右摇摆,却忽视了言与文之间的广阔天地和内在联系,忽略了因言才能知文,因文才能化言,真正的文言文教学应该行于文和言之间,但这种间性绝不是言与文的简单拼合,而是在水乳交融中提升学习者的语文素养。

还有一个问题也可以从主体间性的角度去思考,那就是教师、学生、教材(在这里指文言文作品)三者之间的关系。如图一所示,三者之间两两存在主体间性,虽然较两者之间的关系复杂,但也有了更广阔的意义空间。加拿大学者马克斯·范梅楠认为:"人的生存意味着理解意义和渴望对意义的理解。"[3]马丁·布伯也认为:"本质之物都不是发生在每一个参与者身上,……从最初的意义上说发生在参与者之间。"[4]所以,教师、学生、文本三者并不是任何一方要努力地避开自己的前理解而去客观地认识和把握其他两方,而是三者在教学环境中真实的相遇和对话。从问卷调查的情况来看,有53%的学生认为理想的文言文课堂教学是"师生讨论交流,在质疑、释疑、讨论、争鸣中学习文言文"(见附录)。

1　马丁·布伯著,张健、韦海英译. 人与人. 作家出版社,1992年版,第275页。

2　同上,第277页。

3　马克斯·范梅楠著,宋广文等译. 生活体验研究:人文科学视野中的教育学. 教育科学出版社,2003年版,第103页。

4　马丁·布伯著,张健、韦海英译. 人与人. 作家出版社,1992年版,第276页。

图一

2. 在对话中实现多主体的视界融合

（1）对话与对话性

文言文教学的主体间性在很大程度上决定了其教学的对话性，对话是达到交流、沟通和理解的必要手段。对话是精神的沟通、视界的融合，它不是某种具体的外在形式，而是一种真实的内在过程。热烈的讨论、争辩是对话，深刻的反思、探究是对话，细细的涵泳、玩味也是对话。具体的对话过程是多样的、复杂的。因为在图一中学生是一个整体概念，而在具体的教学实践中它可以演变为N个学生之间复杂而随机的主体间性关系，即使是单一的学生个体，也存在着过去的"我"、现实的"我"和理想的"我"三者之间两两的对话，所以真正的对话过程是一个彼此交织的复杂系统，只有优秀的教师才能很好洞察、引导和协调其间的具体行为和思维过程。这一点在优秀教师看来也许并不困难，因为这些已经深深植根于自己的教学实践知识当中。文言文与现代文的差别之一就是时空的久远度不同，语言的历史性演变使我们很难触摸到作者的真意。于是就有了历代的阐释家、评论家、训诂家，他们也必然成为对话主体系统中的一部分，因而加剧了文言文教学对话系统的复杂性。

关于对话，伽达默尔说："虽然我们说我们'进行'一场对话，但实际上，越是一场真正的对话，它就越不是按谈话者的任何一方的意愿进行。因此，真正的谈话绝不可能是那种我们意想进行的谈话。一般说来也许这样说更确切一些，即我们陷入了一场谈话，甚至可以说我们被卷入了一场谈话。"[1]这样看来，教育或教学在某种程度上是有冲突的。因为"教育作为人类的活动，相对于个体的经验而言，在内涵上丰富得多，它对个体总是具有塑造性和引导性，而个体总是要接受教育的引导和塑

---

1 伽达默尔著, 洪汉鼎译. 真理与方法. 上海译文出版社, 2004年版, 第487页。

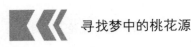

造"。[1]所以真正的文言文教学不应陷入散乱的对话当中，而是在保持教育性的基础上，以对话的情怀面对学生和教学过程，在教学中体现出对话精神，即对话性。

（2）视界融合

视界，又称视野、视域，本意是地平线。视界融合，本意是指地平线随着人的前行不断延伸和扩展的一种状态，在阅读理解中，则用来指读者的经验、理解与文本言说所呈现出的相互交融的状态。从解释学的观点来看，文本的意义既不存在于文本当中，也不存在于读者脑中，而是存在于读者视野与文本视野的融合当中，存在于视界融合的无限过程当中。从哲学解释学的观点来看，阅读过程就是在寻求一种理解，既是对他人、对世界的理解，也是读者的一种自我理解。伽达默尔认为："理解一个文本就是使自己在某种对话中理解自己"，"解释学过程的真正现实依我看来不仅包容了被解释的对象，而且包容了解释着的自我理解"。[2]曹明海先生在《语文教育文化学》中将这种视界融合分为精神建构、阅读创造和阅读批判三个部分。从某个角度上来说，哲学解释学的观点与接受美学不谋而合。阅读的视界融合过程，是读者带着自己的期待视野与文本的召唤结构遇合，从而生成了文本的解读意义，也使读者在获得某种个人意义的同时，感受到某种灵魂的颤动，在潜移默化中影响着读者的期待视野。于是对于个体读者来说，阅读过程就是精神的建构、灵魂的唤醒和生命的升华过程，也是一个期待视野不断扩展和升华的过程。

文言文阅读的视界融合对中学生来说具有格外重要的意义。首先，文言文可以向读者展示相对比较真实的古代乃至近代生活的历史画面，如腐化奢侈的宫闱，大漠孤烟的边陲，离人思妇的愁苦，揭竿而起的愤怒等等。在展现当时生活的原貌这一点上，文言文的价值与那些戏说、想象的文学或影视作品不可同日而语。其次，文言文可以传达当时的人物比较真实的心理感受、道德伦理和价值取向，如信而见疑、忠而被谤的愤懑，洁身自好、辞官而去的洒脱，冯唐易老、李广难封的压抑，老吾老以及人之老、幼吾幼以及人之幼的博爱和志士仁人舍家为国的赤胆忠心。最后，

1　金生鈜. 理解与教育. 教育科学出版社, 1997年版, 第90页。

2　伽达默尔. 哲学解释学. 上海译文出版社, 1994年版, 第56页。

文言文还给读者提供了古代汉语的典范性使用,使读者在欣赏古代汉语的同时在更深层面上理解了现代汉语,在传统与现代的主体间性中实现了古代汉语和现代汉语的相互参照与丰满。总之,文言文阅读在唤醒学生的生命感、价值感、责任感,唤醒学生的人格心灵,在灵魂震颤中体味内在的敞亮和心灵的解放中具有不可替代的作用。

(三)深入挖掘——努力开发教学资源

尽管新课标实施以来,文言文篇目在课文中的比例有了很大提高,但是客观地说,在现代生活中,学生接触文言文的机会还是有限的。我们每天生活在现代语言和思想观念的氛围中,与文言文的陌生和隔阂是不可避免的。要想从语言欣赏、文化熏陶、情感涵养、思维锻炼等多方面达到提高语文素养的目的,语文教师首先要善于营造文言文学习的良好氛围,充分挖掘和利用各种有效资源。

1. 合理使用教材

教材的定义具有三个基本要素,即信息、符号、媒介构成用于向学生传授知识、技能和思想的材料。狭义的教材就是教科书,对于语文学科来说,包括语文课本、语文读本、教学参考书等。广义的教材则可以泛指课堂内外一切有教学价值的材料,如故事书、教学实物、辅导资料、报纸杂志、广播电视节目、各种网络资源等等。语文教育学界早已提出了"用教材教"而不是"教教材"的教学理念,即教材内容并不等于教学内容。对于文言文的教学来说,同样存在着根据具体的教学目标和已有教学资源,对教学内容进行合理建构的问题,即对教材的合理使用问题。

应当说,现行各版本的语文教材都遵循了"文质兼美"的选材原则,如文言文的选材涵盖了思想智慧、战争风云、治国方略、人伦亲情等各个方面,大多是久为传诵的名篇。但是运用到具体的教学实践中,具体的篇目选择、适当的课外扩展和教学顺序,还是值得精心揣摩。以语文版九年级上册教材为例,第六单元有如下选文:《庄子·秋水》《愚公移山》《扁鹊见蔡桓公》《捕蛇者说》及古诗词五首。其中,《庄子·秋水》一文有较深的哲学内涵,篇幅虽短却意蕴丰富,作为单元的第一篇文章,很容易使学生望而生畏,有一种心理上的距离感。而第二篇《愚公移山》的故事几乎家喻户晓,而且文章本身的故事性强,容易引起学生的兴趣,也有利于学生从

现代文学习到文言文学习的逐渐转换。此外，很多教师喜欢在学期之初就进行文言文的教学，讲完文言文单元再学习现代文。这种做法表面上看起来好像是重视文言文的教学，而且所用课时也颇多，平均每篇课文用三课时左右，实际上这种做法并不可取。因为在学期之初，学生们还没有从假期生活中完全转换过来，他们的思想、情绪和关注焦点还在学校生活之外，此时进行文言文学习会使学生有一种与现实生活的巨大割裂感；而反之如果先学习现代文，则更容易实现一种渐变和渗透。同时，文言文的教学较之现代文难度更大，在语言、思维、情感各方面都不可能脱离现代文学习的铺垫。如在语文版高中第一册教材中，第十课《十八岁出门远行》和第十二课《不会变形的金刚》两篇文章的学习，就可以使学生在人生态度和对亲情的理解上有所触动和感悟，在此基础上去学习第十四课《陈情表》就更容易使学生进入亲情的情感氛围，避免情感接受上的突兀和勉强，更便于学生理解和接受。

对文言文教学内容的把握还应该注意到其与现代文的交互渗透。在一些现代文中，借鉴或引用了一定量的文言作品，也是文言文教学可以展开的舞台。虽不以讲解文言文部分为主，但适当的点拨和文本本身的内容铺垫往往可以达到文言文的某些教学目标。例如：在上海教育出版社1996年版的高级中学课本H版二年级的一篇课文《邓稼先》中，就有一段《吊古战场文》的文言文选文。结合主人公的生平、经历、理想和贡献的介绍，显然可以使我们对这段选文有更加丰富的感知和了解。像这样的例子还有很多，在现代文的情境中进行一点文言的体悟和感染，效果可能比就文言文教文言文更好。另外，各版本的选修教材、课外读本也有很多文章值得引入课堂，增加教学内容的丰富性。教师在设计教学内容时应有一个整体的把握。总之，对教材的使用可以根据学生的具体情况和文章的体裁、内容等特色进行合理的调整，实现教学内容的丰富而有序。既符合由易到难的认知规律，又体现由此及彼的情感迁移。

2. 展现教师魅力

过去人们常称教师为"教书匠"，这在某种程度上使人误以为教师的职责和功能就是把记录在书本上的知识、信息和方法传递给学生，因而很容易把教学活动变成一种知识的灌输，认为学生从无知到头脑中被塞满各种要求掌握的知识的过程就是学习。教师的工作只不过是一个桥梁，一种搬运，教师自身不能参与教学内容的阐发和创造。然而大量的教学实践告诉我们，教学活动特别是语文教学，由于人文知识本身是一种体验性知识、反思性知识，它的教学内容不能离开教师主体对文本的主观感受和创造。过去主张"以书教之"，现在更要主张"以人教之"。文学接受理论和解释学的基本观点都告诉我们，文本的意义生成需要读者参与建构，而这种参与必是带着某种前理解和生命体验的。所以，语文教师在教学准备过程中，可以参照各种参考书，但如果这些内容没有经过教师自身的咀嚼、体会、认同、质疑或吸收，没有融进自己的血液里，融进自己的教学、生活体验里，那么这些教学内容就很难具有感染力和生命力。王尚文曾说："教师所能给学生的只有自我。""教学，是他这个人在学科中和他的学生相遇，以至于学生日后所回忆起来的不是他所讲的内容，而是他这个人。"帕克·帕尔默也认为："教学是通达灵魂的镜子。""真正好的教学不能降低至技术层面，真正好的教学来自于教师的自身认同与自身完整。"[1]教师参与了教学内容的生成和创造，对于文言文教学来说，尤其如此。阅读教学的本质是师生和作者通过文本和对话达到一种精神上的交往和视界的融合。而学生要走进文言文所展现的世界需要教师的引导和支撑。不仅仅是在认知上需要学习文言语法、词汇、古代文化常识等，更重要的是在人生经历、情感信念等"言有尽而意无穷"的内容上，学生需要"站在教师的肩膀上"，去展开视野和胸怀。如《陋室铭》《报任安书》等篇目需要教师通过资料展示、背景介绍等方法使学生了解体会作者无罪遭贬，于痛苦失意中坚持自己的人生理想、志节操守，在挫折和灾难中顽强地展示着生命的不屈和美好。而这种情结和心理是相通的，在古文中多有表现，有的在痛苦中洒脱，如《琵琶行》《醉翁亭记》；有的在压抑中超然，如《赤壁赋》《记承天寺夜游》。费尔巴哈说，感情只对感情说话。成功的文言文教学应该是使学生跨越历史的时空，走向深层的理解和共鸣的。

不仅如此，语文教师还应该凭借自身的阅读和修养，为学生指出阅读文言文的范围和方法。文言文数量不少，如果学生要进行课外阅读，教师要具有鉴赏、推荐的

1　王尚文.走进语文教学之门.上海教育出版社，2007年版，第427、425页。

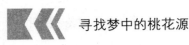

能力，并教给学生一些鉴赏、评价的基本方法和原则，因为相比于现代文来说，学生是很难具备这种能力的。贸然读一些过深过长的古文，会对学生的学习热情造成打击。何为"浅易"，这个度教师要有判断和把握。苏霍姆林斯基曾经说过，"教师真正的思维素养，就在于在学习教材的过程中，能够找出一些工作方法和形式，使他能够看见学生的思路是怎样发展的"，"看出和想象出学生的脑力劳动是怎样进行的，学生是怎样感知教师叙述和讲解的东西的，以及他们在认识的道路上遇到了哪些困难"，而不是"完全沉浸在自己的思想里，而看不到学生是怎样感知他的讲述的"。[1]如果教师能够适时地点拨学生遇到的难点，从而使学生处于思维顺畅状态，那么文言文的学习就显得轻松有趣很多。

另外，教师凭借自己的涵泳和体会，凭借一些概括性的经验和方法，可以使教学深刻而生动。比如有位教师在赏析《岳阳楼记》时就引领学生从"览物之情，得无异乎"和"嗟夫！予尝求古仁人之心，或异二者之为，何哉"中的两个"异"字入手，去理解作者要表达的思想感情。像这样的精练而深刻的见地和指导，没有对文章的深刻理解、把握和反复玩味、推敲是不可能达到的，而这也正是语文教师的扎实的基本功的体现。

有很多语文教师在这方面进行了自觉的践行。特级语文教师于漪认为："我把自己作为一块煤，投入炉火，燃烧得通红，率先产生强烈的情感体验。这时，也只有在这时，放射出的火光与热量才会传递给学生，从而产生巨大的美感力量。"[2]山东青岛的王泽钊老师"从18年前成为教师的那天起，就开始自编教材给学生授课"，从原始的油印、胶印，到如今的"150万字的高中语文教材已由作家出版社正式出版"。他不仅在教材编制上，更在自己的授课过程中完成对教学内容的生发。如他所说："上课时，我经常挑起战争！"那是他在积极地启发学生独立思考，讨论、辩论。"要让学生热爱生命，热爱生命才能热爱学习。"教师的人生观、学习观，自然也就长久地影响了学生。[3]当然不是每个教师都有必要自编教材，组织辩论，但是每个老师都可以

1　苏霍姆林斯基著，杜殿坤译. 给教师的建议. 教育科学出版社，2004年版，第215页。

2　教育部师范教育司组编. 于漪与教育教学求索. 北京师范大学出版社，2006年版，第98页。

3　朱丽亚. 撞倒南墙不回头———位中学语文教师毁誉参半的教改实验. 中国青年报，2002年11月28日。

根据自身的优势和特点来丰富和点染自己的教学活动,使之成为一种发自内心的创造。实际上,每一个优秀的语文教师本身就是一本具有无限内涵、情感丰富和文化积淀深厚的教科书,是语文教学潜在的、充满魅力的教学资源。

3. 调动学生参与

教师自身对教学内容的理解和开拓固然重要,但是由于时代、年龄、角色、经历等的差别,教师的理解感悟对学生情感态度、知识能力等方面的作用也是有一定局限的。所以优秀的教师更加善于充分地调动学生整体内部的资源来丰富教学内容,形成浓厚的学习氛围。例如,有位语文教师曾经在中秋节的语文课上让全班同学每人背诵一句与"月"有关的诗文,不允许重复。这个要求看似苛刻,可是全班轮下来,六十几位同学,真的没有重复,而且好多同学还能将一些篇章全文背诵下来。这样做的结果,就使大家相互学习了很多自己以前不知道的诗文,对"月"的意象和它所隐含的情结有了更多的理解和感悟,而且掀起了积累、背诵古诗文的学习热潮,可谓一举多得,大大丰富了教学内容,开阔了学生的视野,激发了学习兴趣。

文言文教学要教给学生一些具体的方法,如背诵的技巧。我在讲《过秦论》时,就注意到这个问题。在人民教育出版社普通高中新课标教材必修第三册中要求背诵这篇文章的后三自然段。我在发现这篇文章的行文顺序、韵律节奏等方面的一些特点之后,并没有直接告诉学生,而是让大家推举一位擅长背诵的同学,请她来谈谈自己的经验和背诵这部分文字打算采用的方法和技巧。果然,她的发言有很多可取之处,有些也是我没有想到的,同时,大家听得很认真,很佩服。在此基础上我再向大家展示我的想法,大家觉得方法更多更灵活了。

从学生角度进行教学内容的开掘还表现在对文本的探究和讨论中。如在《鸿门宴》的教学过程中,在教师的引领下,学生们根据课下搜集的资料和平时的积累,展开了对生与死、信与义、权与谋、性格与命运的探讨,而又经由这种探讨达成对《史记》独特写作风格的理解和体认,进而更深刻地体会到"史家之绝唱,无韵之离骚"的艺术魅力。类似的讨论、交流,甚至表演等活动更能使学生充分展示自己对文本的理解和感悟。蔡元培在《新教育与旧教育之歧点》中说过:"夫新教育所以异于旧教育者,有一要点焉,即教育者非以吾人教育儿童,而吾人受教于儿童之谓也。"特级教师程红兵也说："学习是一种挑战。教师应该转变教育观念，给孩子一个空间，让他自己往前走；给孩子一个时间，让他自己去安排；给孩子一个问题，让他自己去找答案；给孩子一个困难，让他自己去解决；给孩子一个机遇，让他自己去抓住；……给孩子一个题目，让他自己去创造。"[1]文言文教学也需要充分调动学生的积极性，体现学生的主体地位，教师不能再做寸步不离的"保姆"，给学生一点空间去展示和创造。鲁迅说过："一条小溪，明澈见底，即使浅吧，但是却浅得澄清。"所以，学生们虽然由于只是认知结构、人生经历等的欠缺，见解不一定深刻、全面，但是他们有主动学习、阅读求知、表达交流、探究创造、自我完善的潜能，有无限生长的可能性。让学生不再做单纯的接受者，而成为主动的参与者、积极的创造者，是文言文教学走向生动活泼的必由之路。

（四）特色切入——把握文言文教学的关键因素

1. 借助语境理解文言文

所谓语境，语言学的定义是：系统地作用于言语表述的理解的因素，或者说是使用语言的现实环境。皮特·科德认为："语言学中尚未解决的重大问题之一，就是要发现话语的形式特征和语境之间有什么关系，这种关系会造成对同一句话语作出不同的理解。"[2]它可以分为三个层次。第一，它是指上下文的关联，即语篇语境。例如，"上自劳军，至霸上及棘门军，直驰入，将以下骑送迎"一句中，"骑"的读音就要根据下文的故事发展才能确定。第二，是使用语言的外部环境。人物所处的场合、氛围，事件发生的环境、背景以及人物的动作、表情等，即情景语境。像李白的"仰天大笑出门去，我辈岂是蓬蒿人"和白居易的"座中泣下谁最多，江州司马青衫湿"就要看作者是在怎样的心情和情境下道出的，才能更好地体会诗句的意味。第三，语境还可以指更广阔和更深层的背景，即语言的输出者和输入者各自所处的文化环境和社会背景。例如，贾谊的"仁义不施而攻守之势异也"就有那个时代"夫兼

1　于漪、刘远主编. 程红兵讲语文. 语文出版社，2008年版，第64页。

2　王建华. 语用学与语文教学. 浙江大学出版社，2000年第2版，第213页。

并者, 高诈力; 夫安定者, 贵顺权" 的内在思维逻辑的支配。

古代汉语由于词汇有限, 所以每一个词在具体的语言环境中都可能具有不同的含义。所以一词多义在文言文中相当普遍。语境对语义有导向性、预测性和选择性。例如, 在 "小信未孚, 神弗福也" 当中, 由于有 "弗" 这个副词的限制, 原本为名词的 "福" 就很自然地具有了祝福、保佑的动词词性。敏锐的语感最突出的表现就是对语言环境的敏感和适应。在这一点上, 传统的语文教育采用的是 "熟能生巧" 的办法, 即大量的阅读积累, 所以在遇到新语境的时候, 能够迅速在 "语言库" 中找到相似的表达模式, 并通过类比迅速地反映出当下的语义。而现代教育更侧重于分析, 即在词性、语法等客观规律的基础上得出结论。

语境对语义不仅有限制功能, 而且还有一定的补充功能, 在这一点上, 《琵琶行》中的 "弟走从军阿姨死, 暮去朝来颜色故" 是一个很好的例子。这里的 "弟" 和 "阿姨" 指什么, 教材中未注。如果按照现代汉语的理解方式, 显然很难使人信服。但如果我们了解到唐代《教坊记》中的 "坊中诸女, 以气类相似, 约为香火弟兄, 每多至十四五人, 少不下八九辈" 及《汉武外史》中的 "汉武帝置营妓以待军士之无妻室者", 就不难推知 "弟" 指的是教坊中的姐妹, 而 "阿姨" 在唐代也有专管教坊中乐妓的女头目或长辈歌妓的意思。这样的理解才能契合语境, 解决理解文意上的困难。

2. 利用空白赏析文言文

美学大师宗白华认为: "人类这种最高的精神活动, 艺术境界与哲理境界, 是诞生于一个最自由最充沛的深心的自我。这充沛的自我, 真力弥满, 万象在旁, 掉臂游行, 超脱自在, 需要空间, 供他活动。" 空白是艺术家思想驰骋的空间和留下的痕迹。中国古典艺术, 无论是国画、书法, 还是诗词文章里, 都带有某种荡漾、虚空的幽深感, 是作者独特生命意识和理解的生动展现。萧统在《陶渊明传》中记载了这样一段轶事: "渊明不解音律, 而蓄无弦琴一张。每酒适, 辄抚琴以寄其意。" 空纳万境, 白有余韵, 五柳树下的无声之乐, 无字之诗, 正是中国古典美学的最高追求。

（1）空白是古典文学的自觉追求

文学是语言的艺术, 言能否尽意, 是文学创作必然面临的问题。古典文学并不否

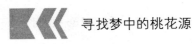

定语言的作用，但更强调借助文字的形象、暗示和象征来引发联想，展开想象，以实现创作意旨，所谓"书不尽言，言不尽意"。从老子的"大象无形，大音希声"，孔子的"诗可以兴"，到刘勰的"隐秀说"，司空图的"韵外之致""味外之旨"，刘熙载的"寄言论"，白居易的"此时无声胜有声"，都道出了空白的无限意蕴。空白作为一种重要的艺术手法，与实境一虚一实，一隐一显，互相作用，相互成就，拓宽了古典文学的审美空间，形成了巨大的艺术张力。文言文的微言大义，也正源自于这种"有无相生，以无为本"的哲学信念。

（2）文言文教学需要补白，也需要空白

由于文言文的语言形式、时空距离、文化背景等与现代生活的巨大差异，一般说来，在教学中要有意识地进行社会文化背景的介绍、作家生平经历的展示等补白工作，以达到知人论世、以意逆志的目的。但是，教学本身也是一项艺术，在教学这件艺术作品中给学生留出想象的余地可以激发学生的学习兴趣、求知意识，锻炼学生的思维能力。教育心理学认为，任何一种事物均可视为一个完整的结构，当人们面对一个整体中某些不完全或有缺陷的事物时，就会产生一种内在的紧张力、进取的"内驱力"，迫使大脑皮层紧张活动以填补、"完形"，达到内心的平衡。在教学中留有空白就是指教师在教学过程中，不面面俱到、讲死讲实，而是在适当的地方有意留下一些暂时性的空白，设置一些缺陷地带，促使学生产生一种急于"填补""充实"的心理，以此调动学生的想象力、创造力，激发学生的求知欲，提高学生主动探究的兴趣，培养学生解决问题的能力。

在空白中赏析文言文意味着对文本空白的尊重、理解和发现。例如，在《左忠毅公逸事》一文中，有这样一段话：

左忠毅公视学京畿，一日，风雪严寒，从数骑出，微行入古寺。庑下一生伏案卧，文方成草。公阅毕，即解貂覆生，为掩户。叩之寺僧，则史公可法也。

文章没有直接交代左公冒雪出行的目的，也没有对左公的心理活动描写，对史可法的身份、才学、地位交代也是间接的。文本为读者留下了一定的思考和分析的空间。在教学中，就不宜把两个人的性格特点、精神品质通过后文的概括直接套用在这段文字中，而应该结合"微行""严寒""解貂"及叩问等事实进行引导。这段文字虽然不如后文的故事慷慨悲壮，但是在平淡中更能显出人物的真性情。左公对学子的了解、关切，对人才的渴求、爱护，正是他"忠毅"秉性的具体体现。教学上留有空白，既要求给学生一定的自主学习的时间，有与文本单独而深刻交谈的机会，也需要在一定的引导和启发下，保留甚至创造学生的思考空间，使文本空白真正达到余音绕梁、回味不断的效果。

（五）多样灵活——选择恰当的教学方法

无论我们在教学目标定位、教学理念更新、教学资源挖掘、关键因素把握上做得多么合理和到位，无论我们的教学预设多么精彩和细致，教学的最终结果还要取决于教学行为的具体落实和最后生成。传统教学单一的方式方法是制约文言文教学的瓶颈，是影响文言文教学效果的最直接因素。当然教学方式有很多种，这里仅以诵读、涵泳、探究为例，分析提高语文素养的有效方法。

1. 在诵读中实现言与文的弥合

诵读是传统语文教育中最重要的方法之一。汉语言文字是音、形、意的结合体，韵律美是其内在美的突出体现。不仅在诗词等韵文中格外明显，即使在散文作品中也不乏表现。诵读是把握文章韵律美的最好途径。宋代理学家朱熹指出："诗须沉潜讽诵，玩味义理，咀嚼滋味，有所益进。"清代沈德潜认为："诗以声为有用者也，其微妙在抑扬抗坠之间。读者静气按节，密咏恬吟，觉前人声中难写，响外别传之妙，一齐俱出。"[1]著名作家孟伟哉认为："朗读的好处是：反反复复地认那些字，反反复复地熟悉那些词汇和句式，反反复复地领略那种语感。"[2]钱理群教授认为："文学的教育，有时声音极其重要，这声音是对生命的一种触动，文学是感性的，而不是理性的。所以，读，让学生感动，用心朗读是感受文学的一个重要方式。"[3]有一线教师总结："讲课之前必须读，不必讲处一般读，关键要害重点读，不得要领反复读，答题困难深入读，讲解不清共同读，时间有余欣赏读。"读，好比爬山，虽然要花

1　胡有清. 文艺学论纲. 南京大学出版社, 1992年版, 第272页。

2　孟伟哉. 语文门外谈. 语文建设, 2002年第7期。

3　阮班莲. 新课程理念下语文阅读课该怎样上. 语文教学通讯（初中版）, 2005年12期, 第16页。

掉一些力气、流掉一些汗水，还可能会摔打几下，但自己有酸甜苦辣的体验，自己会增长隆起的肌肉，这些是坐缆车所得不到的。具体说来，诵读有如下好处：

（1）诵读有助于激起兴趣，拉近距离

与现代文不同，文言文在现实生活中已经少有运用，因此文言文对学生来说有着天然的陌生感。夸美纽斯说过："一切语言的学习都源自言语实践而非规则学习。"听和说是言语实践的重要渠道。诵读可以使文言文"活"起来，成为名副其实的语言，而不仅仅是无声的符号。眼、耳、口等各种感官的积极调动有利于学生熟悉文言文、亲近文言文，进而喜欢文言文。同时，诵读是从文字符号，到外部语言，再到内部语言，相比于默读，学生可以有更充足的时间进行思考、理解文意，进而调动丰富的情感体验。另外，教育心理学告诉我们，学生对各种获得信息的方式的敏感度是不同的，有人善于视觉感受，有人喜欢触觉操作，还有很多人乐于利用自己的听觉。"知之者不如乐之者，乐之者不如好之者"，诵读是激发学习兴趣的有效手段。

（2）诵读有助于记忆、涵泳

记忆能力是一个人学习能力的重要组成部分，所以古人经常用"博闻强记"来表明一个人的学习能力。古今中外很多学者的记忆能力是惊人的。虽然现代社会信息保存手段多样而便捷，但是记忆无疑仍是必要而有效的。周振甫先生就曾指出，文言文学习不能满足于"点、线、面"上的懂，而要"立体的懂"。所谓"立体的懂"很大层面上是阅历的积累、人生的体验和情感的触动所引起的，它不是一时一地所能迅速获得的，可能需要较长的时间和空间的跨度。这种懂就是涵泳的结果，而没有记忆，就不可能有涵泳，即使有了丰富的人生体验和情感触动也不能激起灵感的涟漪。可见，文言文的学习，诵读是前提，是基础，没有诵读，就很难有真正的理解和共鸣。

诵读的方式有很多，比如齐读、自由朗读、美读、吟咏、范读等等。教学中用得最多的还是齐读。但我以为，自由朗读也应该得到大力的倡导，因为整齐划一的齐读往往很难体现出每个人对文章的不同理解，何处该缓、何处须急、何处应扬、何处要抑的拿捏把握，尤其在初读时往往每个人是不同的。在齐读时很多学生容易抱有随大流的心态，他看不到"自己"的存在，这对深入文本是不利的。诵读是一种方法、习惯，更是一种技能，教师在教学过程中应有意识地给予诵读方法的指导，使学生在声音信号上更好地贴近文本。在请同学单独诵读的时候，教师一般喜欢找读得好的同学来读，这固然有很好的示范作用，但同时教师应该意识到，还有很多学生或因为没有好的朗读技巧而空羡他人，或因为性格内向腼腆而不敢诵读。要有意识地把诵读的机会给这样的学生，因为他们在这个过程中获得的方法和鼓励是可以给很多学生（包括诵读水平较好的学生）以有益的启示的。

从问卷调查的结果来看，学生对诵读的态度比较复杂。一方面，有60%的学生认为诵读对文言文的学习"非常有必要"；另一方面，有70%的学生认为在欣赏文言文的时候更愿意"自己默默领会"。

2. 在涵泳中感受言与文的融合

什么是"涵泳"？涵，是沉浸；泳，就是游于水中。"涵泳"一词，最早在左思的《吴都赋》中使用过。韩愈的《岳阳楼别窦司诗》中也有"星河尽涵泳，俯仰迷下上"的诗句。到了宋代，大教育家朱熹把涵泳作为一种读书方法明确提出来，即"虚心涵泳"。所谓"虚心"，是指读书时要虚怀若谷，静心思虑，仔细体会书中的意思，不应先入为主，牵强附会。所谓"涵泳"，则是指读书时要反复咀嚼，细心玩味。[1]他反对贪多务广的读书心理，认为意绪匆匆，忙于奔走追逐而忘记涵泳之乐的学习方式是背离学习的初衷和本意的。曾国藩认为，"涵者，如春雨之润花，如清渠之溉稻泳者，如鱼之游水，如人之濯足。善读书者，须视书，而视此心如花、如稻、如鱼、如濯足，庶可得之于意之表"[2]。只有全身心地沉浸在语言文字所描绘的世界中，才能知其意、得其趣、悟其神。韩少华先生在《文学读本·现代散文鉴赏常识》里指出，涵泳是充分尊重作品，熟读成诵，力求达到"文若己出"的境界。通过诵读和反思的方式，把自己的经验、感受同作品实际结合起来，得到情操的陶冶和审美的享受。我认为，涵泳作为一种鉴赏、品位和体验的方式，具有以下两个特点：

（1）涵泳须有情的参与

1　孙培青. 中国教育史. 华东师范大学出版社，2008年第3版，第239页。

2　曾国藩. 曾国藩家书. 中国画报出版社，2012年版。

朱自清认为"人的一生多半是在表情的活着",他在《古文学的欣赏》中指出:

欣赏是情感的操练,可以增加情感的广度、深度,也可以增加高度。[1]

夏丏尊、叶圣陶在合著的《文章讲话》中也指出:

不去从培养本身的知识情感意志着想,一味想从文字上去学习文字,这是一般青年的误解。我愿诸君于学得了文字的法则后,暂且抛了文字,多去读书,多去体验,努力于自己的修养,勿仅仅拘执了文字,在文字上用浅薄的功夫。[2]

下面是一位教师在讲授《项脊轩志》时的课例节选。

教学片断一:[3]

师:同学们读这篇文章时感受如何?是不是有点伤感?

生:是。

师:在这篇短文里,既没有优美的语言,也没有曲折的故事,可是,我们读起来却爱不释手,是什么在吸引我们呢?

……

师:我们之所以写不出感人的文章,不在于我们不是作家,原因在于我们缺乏对生活的体验,对情感的体验。归有光能把平常景物写得感人至深,是因为那些平常景物里渗透着他的情感。请同学们细心体会那老屋、那庭院、那祖母的身影、那枇杷树里浸透着作者什么样的情感。请大家仔细品读。

……

师:生活当中,处处有情感,时时有情感。回想一下,你是否对一个旧书包、一张旧照片、母亲的背影、爷爷的黑棉袄等,产生过这样的感情涌动呢?如果有,你们完全可以写出只有你们才写得出的至情美文。

……

这段课例很简短,既没有使用现代化的多媒体手段来渲染气氛,也没有巧妙高超的问题设置,教师只是一步步引领学生的情感,在平淡中细细感受作者的真情。

---

1 朱自清. 朱自清全集·第三卷. 江苏教育出版社, 1990年版, 第47页。

2 夏丏尊. 夏丏尊文集·第二卷. 浙江文艺出版社, 1983年版, 第543页。

3 刘凤岭. 文言文教学实录. 上海教育出版社, 2006年版, 第397~400页。

被略去部分是学生的回答，从中可以看出学生情感的逐步深入。

（2）涵泳需要理的渗透

理，就是理性、理智，是对事理、物理的分析、揣测，对利弊得失的权衡，对规律、特点的把握。好的文言文教学，不仅是情的牵引，也是理的启发。

教学片断二：[1]

师：永州之蛇有哪些特点？

……

师：对。正因为它能用来抵赋税，所以永州的老百姓都很愿意捕它。但由于这种蛇有剧毒，所以许多人只好敬而远之。但是，有一个人，干捕蛇这一行竟干上了瘾。"专其利三世"，够得上捕蛇专业户了。毒蛇是不是很爱蒋氏，都乖乖就擒呢？

……

师：代价如此惨重，蒋氏为什么不去种田，而非要冒着生命危险去捕蛇呢？

……

师：捕蛇是要付出生命代价的，但又是捕蛇救了蒋氏一家的命。赋毒使人妻离子散，家破人亡；蛇毒让人苟活。在蛇毒中偷生，在赋毒中必死。蛇毒与赋毒哪一种更可怕，不言而喻。（板书：蛇毒＜赋毒＝家破人亡）

对事理的分析有助于对情的理解和体会。在捕蛇的代价的分析中，赋敛之毒暴露无遗。理是情的依托，情是理的自然结果。

一般来说，诵读是进行涵泳、体验的好方法，除此而外，以下两种方法也可以借鉴。

方法一：在讲析中涵泳

教学片断三：[2]

师：……面对淤泥，陶渊明的选择是远离，他到红尘边去寻找一片净土。而周敦颐的选择是生长，哪怕是淤泥之中，依旧成长为高洁独立的荷花。这不同的人生选择和诗

1　刘凤岭. 文言文教学实录. 上海教育出版社，2006年版，第246~247页。

2　刘占泉. 从诵读走向涵泳. 语文建设，2008年第6期，第32页。

人的个性理想有关，当然也和当时的背景有关。选择虽不同，但都显著有别于趋同富贵、失掉自我的芸芸众生，所以其人格同样伟大。让我们再朗读一遍那流传千古的名句。

如前所述，文言文的特点之一就是语言高度凝练，言简意丰。教师如果能用优美、深刻的语言对文本进行合理评论和阐发，无疑对学生理解文章是大有裨益的。这一方面拉近了学生与文本的距离，潜移默化地进行了现代汉语与古代汉语之间的融合和转化，同时也为学生铺设了一定的认知基础，使学生完成思维与认知的阶梯形推进。

方法二：在问答中涵泳

教学片断四：[1]

生：他这样写是为了回击权贵，表达一种绝不低头的志向。你越压迫我，我越要活得潇洒自得，你越要我活得不像一个人，我越要活得像一个人。

生：……刘禹锡这样写不是造假，而是因为他的心。

师：……他的心如何？房子很狭窄，但是他的心——

生：很开阔。

师：房子很嘈杂，但是他的心——

生：很宁静。

师：生活很单调，但是他的心——

生：很饱满。

师：对了，同学们，这就是刘禹锡。他没有选择桃花源，他和周敦颐一样，在淤泥之中顽强、乐观地生长……

诵读和讲析固然能有效地拉近学生与文本的距离，促进思维和认知的发展，但是相对缺乏学生个体对文本的即时理解和阐发，因而缺乏一定的灵活性和触动性。因此，适时的问答和交流显得非常重要。教师在关键处做了提示，结论却由学生自己得出，更显得课堂生动活泼，意趣盎然。

1　刘占泉.从诵读走向涵泳.语文建设，2008年第6期，第32页。

3. 在探究中促成言与文的整合

探究式学习有着深刻的思想渊源,在西方可以追溯到苏格拉底的"产婆术"。他从不直接向学生讲解各种道理或传授具体知识,而是通过不断地诘问和探讨,使学习者自己在问答中发现自己的谬误,从而构建正确的看法、观点和知识。如他自己所说:"我不以知识授予别人,而是使知识自己产生的产婆。"在这样的教育传统中,教育者特别重视学习者发现问题的敏感力和质疑问难的学习精神,不迷信权威,崇尚对真理的探索、追寻,因而产生了亚里士多德的名言:"我爱我师,但我更爱真理。"到了近现代,人们日益重视思想的作用,劳伦斯就曾说:"人是思想的冒险家,所谓思想,当然指的是发现,而不是讲一些发霉的事实。"美国教育家杜威提出探究是儿童的四大本能之一,他强调关注儿童自己的兴趣,使儿童自主生成问题,并在自己的兴趣和经验基础上,通过探究活动,获得知识,即所谓的在"做中学"。 苏霍姆林斯基也指出:"学生学习的一个特点,就是对他们学习的对象采取研究的态度。"1961年,美国学者施瓦布在哈佛大学举行的纪念演讲会上首次明确提出了探究式学习的概念。作为一位生物学教授和课程实践理论的倡导者,他认为学生学习科学的最好方法不是被动地接受已有的知识,而是通过亲历科学研究的过程,在此过程中自然而然地学到科学知识和科学方法。后来美国的国家课程标准中吸纳了他的这一思想,提出"科学探究指的是科学家们用来研究自然界并根据研究所获事实证据做出解释的各种方式。科学探究也指的是学生构建知识、形成科学观念、领悟科学研究方法的各种活动"。在大量实践的基础上,根据探究内容和探究主体等的不同,产生了一些比较经典的探究学习模式,如萨其曼的探究训练模式、施瓦布的生物科学探究模式、卡普拉斯的学习环模式、兰本达的"探究—研讨"教学法和考克斯的社会探究模式等。因而,在欧美等国,探究式学习无论是作为一种学习的精神和价值取向,还是作为一种具体而可操作的教学模式,都已经相当成熟,深入人心。

探究式学习在中国古代的教学方法中也早有渗透,如孔子的"不愤不启,不悱不发",朱熹的"熟读精思"。《中庸》倡导"博学之,审问之,慎思之,明辨之,笃行之"的治学之道,王安石也感慨道:"古人之观于天地、山川、草木、虫鱼、鸟兽,往往有

得，以其求思之深而无不在也。"可见传统的语文教育也重视思考、质疑和探究。通过质疑和思考来引起丰富的联想和想象，运用合理的推理和判断，调动积累的人生体验，从而完成知识的内化和思想的深化。但是，由于中国古代更重视经验和体会，相对轻视思维科学和心理科学，所以，这些好的教学方法和学习方式往往只得到形式上的机械传承，而忽略其心理过程的实质、思想的交流和相互激发。叶老很早就在《语文教学二十二韵》中指出：学习"譬引儿学步，独行所切盼。独行将若何？诸般咸自办：疑难能自决，是非能自辨，斗争能自奋，高精能自探"。这一观点既是对传统语文教育经验的很好总结，又是现代教育努力达到的目标。杨振宁教授也认为："过去的学习方法是人家指出来的路你去走，新的学习方法是要自己去找路。"自语文课程标准颁布并实施以来，自主、合作、探究的学习方式逐渐得到广大师生的认可，很多一线教师通过自己的教学实践，对新的学习方式由畏惧到亲近，由尝试操作到灵活运用，由被动接受到主动选择，应该说，这些理念已被广泛理解和认同，其教学效果非常明显。但是，我们不得不说，在以探究模式展开的教学实践中，文言篇目占少数，对现当代文学作品的解读中情境的创设、设疑激趣、师生对话、多元解读等等教学方法并没有也不可能自然而然地扩展到文言文的教学中，我们对文言文的探究、理解依然停留在表层，没有真正发挥出学生的主体作用，没有真正调动起学生的积极性，促成一种对文言文学习的渴望。

（1）文言文教学中探究性学习的目的和意义

阅读是阅读主体和阅读客体之间的交流和互动，需要阅读主体充分发挥自己的能动性，对于文言文阅读来说，尤其如此。孟子说："心之官则思，思则得之，不思则不得也。"韩愈也曾说："思正有助于学。""思"是理解，是思索，是探究，是创造。文言文的阅读过程在某种意义上是一种艰苦的劳动，唯其如此，才能在思考探究的活动中获得语言知识、精神陶冶和审美享受。这和某些消费性、娱乐性的阅读有本质的不同。言是文的凭借，文是思之根源，人的语言、思维、情感等内心世界的变化是最终结果。学习的能力在某种程度上体现为思维的能力、探求的能力，而这一点恰恰是传统文言文教学所忽视的。古代传统语文教育家虽然也曾提倡"学而不思则罔"，但后代的具体教学实践却往往更重视模仿、背诵等复制过程，这在某种程度上抑制了传统文化的创造性,探究性学习的意义首先表现为对这种缺失的有效补充。其次,探究性学习可以激发学习热情,促进对文言知识的积累。探究的过程既是知识的无形积累过程,又时时刻刻使探究主体的积累不足不断暴露在逐步深入的探究对象面前,从而形成对探究主体的知识和能力的挑战,进而有效地促使探究主体不断丰富和完善自己的知识储备。并且这种丰富和完善是符合主体意愿和需要的,不会像简单灌输和被动接受那样引起学习主体的抗拒和逆反心理。最后,探究性学习充分协调了学生认知水平与文言文学习难度之间的关系,逐步拉近了主客体之间的距离,使学习者由此及彼不断深化对文言文的理解,逐步提升自己的语文素养。

(2)文言文教学中探究性学习的关键因素

文言文的探究性阅读教学指广泛意义上的"探究",它重视学生探究意识和创造力的培养,讲求体验、感悟、思考、发现,它以文言文承载和蕴含的文化内涵、人文精神为探究的主题和探究的出发点,以语言文字为探究载体,以传统与现代的有机融合为目标。文言文的探究式学习在本质上来说是学习者在语言、思维、文化、情感等多方面的自我完善,是一种善思善问的学习习惯,也是一种举一反三、由此知彼的学习能力。在文言文的具体教学过程中,它需要:

① 要有明确的探究对象

文言文的探究首先可以指向文本内容的感知和把握。其实前文提到的"弟走从军阿姨死"的语境含义就是很好的探究例证。再以欧阳修的《秋声赋》为例。作者感慨道:"夫秋,刑官也。"这句话学生往往并不理解。其实,周朝设六官,分别以天地和四时命名,其中秋官也叫司寇,是掌管刑狱诉讼的,所以作者称之为"刑官"。后来唐朝设立吏、户、礼、兵、刑、工六部,也可与六官相对应,故后世有"吏部天官"之称。可见,在文言作品中,对文本的感知和把握还离不开对古代文化常识的自觉探究。

文言文的探究也可以指向文本情感的感受和体验。文言文学习必须重视情感的感受和体验过程,而这种感受和体验往往是建立在对词语在语境中的含义和意味的细心体会上的。例如"忽如一夜春风来,千树万树梨花开",一个"忽"字,表现出对"北风卷地白草折,胡天八月即飞雪"的恶劣自然环境的毫不介意,诗人的乐观精神和壮志豪情跃然纸上。再看"忽闻水上琵琶声，主人忘归客不发"中的"忽"字，则能看出诗人在"醉不成欢惨将别，别时茫茫江浸月"的凄惨心境中听到优美琴声的欣喜和激动。如果我们能将这些与现代文的阅读相联系，就会发现，史铁生在《我与地坛》中写道："它等待我出生，然后又等待我活到最狂妄的年龄上忽地残废了双腿。"一个"忽"字说尽了作者面对意外打击的悲伤和无奈。可见，无论文言文还是现代文，优秀的作品总是在不经意处融刻了作者深刻而独特的生命感受。这种细微处的探究不仅能够彰显文言文本身的魅力，培养学生的分析、思考、探索能力，还能在一定程度上建立起文言文阅读和现代文阅读的联系，打破传统的对立局面，帮学生形成一种完整而自然的语文学习观。

文言文的探究还可以指向文章写作的鉴赏和评价。试看《鸿门宴》中的两段文字：

范增对项羽曰："沛公居山东时，贪于财货，好美姬。今入关，财物无所取，妇女无所幸，此其志不在小。吾令人望其气，皆为龙虎，成五彩，此天子气也。急击勿失！"

沛公旦日从百余骑来见项王，至鸿门，谢曰："臣与将军戮力而攻秦，将军战河北，臣战河南，然不自意能先入关破秦，得复见将军于此。今者有小人之言，令将军与臣有隙……"

这两段话都是对项羽说的。范增的话之后，课文没有描写项羽的反应。而刘邦的话之后，本来怒不可遏的项羽却立即告诉刘邦"左司马曹无伤言之"。刘邦的言语技巧显然非常高明。而我们知道，作为《史记》的作者，司马迁并不可能得知项羽、刘邦、范增等人的对话，因此这些传神的人物对话是司马迁根据历史的发展及人物的性格、命运进行的创造性构想。从这个角度去分析文章，我们就可以理解《史记》为什么堪称"史家之绝唱，无韵之离骚"。

②找到好的问题和问题提出方式

探究的关键在于提出问题，需要一定的提问技巧。这里列举几种：

A. 在材料的交汇处提问

例如，语文版八年级上册教材第六单元选了《小石潭记》《记承天寺夜游》《满井游记》等文章，它们都属于"记"这种文体。在材料的交汇处提出探究话题，可以使学生对"记"这种文体的共性有明确的认识,容易引起学生的兴趣,而且自然流畅,没有生涩强迫之感。又如,古人常常借助对音乐的描写来抒发情感,如《赤壁赋》中"如怨如慕,如泣如诉"的箫声和《琵琶行》中"弦弦掩抑声声思"的琴声。同是对声音与情绪的描写,了解两者有什么异同,可以帮助学生深入理解作者的写作手法和艺术构思,领会作者的"言外之意""弦外之音"。

B. 在材料的发散处提问

在文言文中有很多关于生与死的问题的思考。例如,楚霸王项羽"不肯过江东",屈原选择"自投汨罗",侯嬴"北向自刭",程婴、公孙杵臼、田光、樊於期、李广、谭嗣同等等有机会生,却选择了死;韩信忍胯下之辱,管仲忍幽囚之困,司马迁受宫刑之害,在巨大的屈辱面前,却选择了生。同样是面对生与死的抉择,不同的选择可以激起学生对生命价值的思考,从而理解古人的人生观、生死观。文言文中一词多义现象非常常见,在相同的实词、虚词或句式出现时,尤其值得引领学生发现各种词义和用法的差别和联系,从而实现语言知识和能力的积累和提高。

C. 在材料的灵活处问

"而"字作为常见的连词有很多种不同的作用,如可以表示并列、递进、因果,也可表示承接、转折、修饰、假设等等。在《过秦论》中,贾谊以"仁义不施而攻守之势异也"为上篇结尾,对秦的兴亡史做出了简洁的概括。金圣叹曾评价说:"过秦论者,论秦之过也。秦过只是末句'仁义不施'一语便断尽。"在这里,"而"表示并列或因果似乎都说得通,但表达效果上却有微妙的差别。因果关系表明"攻守之势异"是"仁义不施"的结果,那就与金圣叹的看法一致,秦之过完全在于"仁义不施";并列关系则说明秦的灭亡是"仁义不施"和"攻守之势异"共同作用的结果,就像作者在中篇中提到的那样:"夫兼并者,高诈力;夫安定者,贵顺权。"治国要根据不同的时势选择不同的策略。细微处的探究既可以更好地掌握虚词的用法和表达效果,更能由此激发对文章的深层次理解。

此外,还可以在材料的模糊处、空白处、概括处等提问,方法不拘一格。只要问题有针对性、有新意,就可以引发学生的兴趣和思考,从而达到较好的教学效果。问题本身的内在逻辑性、可思性和合理性是探究性学习成功的关键因素。

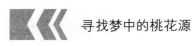

（3）文言文教学中探究式学习的具体方法

探究式学习不是处处质疑设疑，凭空想象，对学习材料的难度进行刻意拔高，恰恰相反，在进行探究性学习的时候，教师要积极地为学生搭建认知的支架，引领思考的方向，使学生由易到难循序渐进，在独立思考和教师引导的基础上实现语文素养的质的飞跃。其实，就单以文言知识为例，当我们提示学生猜测某些字词的意义和用法时，当我们建议学生对学习过的字词、句式、文化常识进行自我总结时，我们已经开始不自觉地引领学生进行知识上的积累和探究了。但是，对于文言文来说，我们可探究的内容和可用的方法还不仅如此。

① 还原情境，在同情中探究

以语文版八年级上册的《小石潭记》为例。初读柳宗元的《小石潭记》，容易觉得它是一篇简单明了的写景散文，在众多或宏伟壮丽、掷地有声或千回百转、构思巧妙的古文中可说是平淡无奇。联想柳宗元的其他作品，如《江雪》《捕蛇者说》等，无不表现出作者强烈的忧愤之情和政治理想，言简意深。真正感受文章之美，要从了解作者的写作背景入手。当时作者被贬永州，政治上比较失意，生活上也比较清苦，可是本文流露出来的，却仿佛是一种淡淡的山水之乐。细细品味，会感到文章处处流露出一种清冷之气。青翠的竹林，清冽的潭水，清脆"如鸣佩环"般的水声，难怪作者说"凄神寒骨""悄怆幽邃""其境过清，不可久居"。这份清静，是作者贬居生活中的平和宁静，还是无可奈何的淡淡哀伤？小石潭的美，是大自然的清静之美，但也是作者凄冷心境的一种折射。正如作者在文中用鱼之影衬水之清一样，幽静清冷的潭景也正映照出作者内心的孤冷和凄清。在教学过程中，可以通过多媒体课件或语言描述，帮助学生想象这一幅清冷而幽美的画面，结合适当的背景介绍，使学生不仅在头脑中再现文中之景，而且在内心中体会作者心境，在情与景的交融中探究作品的艺术魅力。

② 古今对照，在反思中探究

社会在进步，时代在发展，在历史长河的洗刷中，现代人的很多观念已经与古人相去甚远。阅读文言文，常常要对古今现象、思想的差异进行比照，在这种差异中丰富我们对世界的认识，反思现代生活的优势与不足，而不宜一味地是古非今或是今非古。《韩非子·说林上》中有这样一个故事,说的是鲁国有个人"善织屦",其妻"善织缟"。两人要迁居到越国,别人劝告他们:屦是用来穿的,而越人赤脚走路,缟是用来做帽子的,但越人喜欢披发,你们到那里发展是没有前途的。这个故事说的是要注重事物发展的外部环境,积极适应它,否则就会穷困潦倒。无独有偶,今人也有一个类似的小故事,说的是两个推销凉鞋的人到了同一个岛国进行市场调查,一个回来后愁眉苦脸,说没有任何销路,因为岛上的人根本不穿鞋;另一个则喜笑颜开,认为那里市场潜力巨大,理由同样是岛上的人不穿鞋。同样的现实情况却得出了截然相反的结论,是逻辑出现了问题吗?不是。这只是两个人的思维方式和角度不同。故事中的前者与古人相似,更注重适应环境,接受外部环境的变化,而后者则更看重人对外部世界的能动性,对环境的积极改造和创造,从而为我所用。

又如,古人注重伦理道德,讲究"三纲五常",忠君与爱国经常紧密地联系在一起,情不自禁地流露于作者的笔端。如人教版旧教材《谭嗣同》一文中,主人公曾说:"无有死者,无以酬圣主;无有生者,无以图将来。"这番言语,在现代人看来,是无谓的牺牲和愚忠,但在古代社会中,却是一种高尚的美德。世易时移,脱去忠君的外壳,主人公耿耿的爱国之心依然值得现代人崇拜。

再如,古人也有很巧妙的处世智慧,在某些方面,现代人或许还不能有如此的境界。《左传·襄公十五年》中有这样一段话:

宋人或得玉,献诸子罕,子罕弗受。献玉者曰:"以玉示人,玉人以为宝也,故敢献之。"子罕曰:"我以不贪为宝,尔以玉为宝,若以与我,皆丧宝也。不若人有其宝。"

子罕面对别人的献宝,既不欣喜若狂,也不强力拒绝,而是肯定了玉是对方眼中之宝,"不贪"是自己心中之宝,不接受进献恰是为双方各自保留了自己的宝贝,是一种成全。既表达了对献玉者的赞同,又委婉地表达了自己的拒绝。这样的人生态度和处世技巧可能也有现代人值得借鉴之处。

③ 知人论世,在体悟中探究

孟子说:"颂其诗,读其书,不知其人,可乎?是以论其世也,是尚友也。""尚",同"上","尚友"就是"上友",意为以古人为朋友。这句话是说:只有了解古人所处的时代,了解他的为人和经历,才能更好地理解他们和他们的作品。这种结合作者

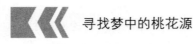

的生平和时代背景来理解作品的方法就是所谓的"知人论世"。它是阅读文言文的一种基本方法，对于文言文探究性阅读来说，尤为重要。"人"和"世"是探究的基础和依据，脱离了时代背景、生活实际的探究是对作品的曲解和对思维的误导。在中学文言文教学中，尽管一般来说都在课堂上渗透作者生平、相关背景，但这种渗透离"知"与"论"的要求相去甚远。在这里，"知"并不仅仅是知道、了解，甚至是能够背诵很多作家作品的基本情况，而是用自己的人生经验和情感去理解、体味作者的人生和他所经历的世态，从而达到一种精神上的沟通和视界上的融合。这种融合的结果不一定立刻在外部形式上有所体现，如考试成绩的迅速提升，但它必然在内部精神结构中对学习者产生潜移默化而且深远的影响。这种影响不一定表现为学习者语言能力的提高，它更有可能表现为思维方式、情感态度和文化底蕴的整体提升，同样是语文素养形成和发展不可或缺的组成部分。"论"的要求比之"知"还要高些，它不仅要求对作者的经历、所处的时代有感受、有体会，还要求学习者能把这种内部感受和变化通过外部语言表现出来，即包括语言能力在内的语文素养各因素的整体训练和提升。只有这样才是真正做到了"知人论世"。要达到这样的教学效果，教师就必然不能把课堂作为"一言堂"，仅以灌输和记忆作为全部方法。"知"与"论"的核心在学生，要尽可能给学生表达自己看法的机会，无论这种看法多么幼稚、单纯，只要他经过自己的思考和探究，真正融进问题之中，就应该给予鼓励和更有效的引导。在这样的培养和训练中，学生的思维水平、语言能力方能得以提高。

④ 读写结合，在表达中探究

由于课堂时间的有限，而学生的体悟、思考又需要一段时间的酝酿，所以在课堂上的讨论、发言并不能完全达到深入理解作品的效果，这一点已被很多教师发现并认同。思维发展心理学告诉我们，从内部言语向外部言语的转化不一定只能靠"说"的形式，即口头表达，也可以依靠"写"的形式即书面表达来完成。事实上，经验告诉我们，对于思维敏捷性稍逊而思维深刻性强的学生来说，写比说更容易展现内心世界和主观情感。所以，写的优势在于可以培养思维的缜密性和深刻性，以写促思，以思助读。而且，书面表达更便于充分利用课内课外的学习时间，书面作品又可以课上或课下在同学间相互交流，或取长补短，或讨论争鸣，使灵感和见解相互碰撞，相互启发。例如有教师在执教《鸿门宴》时，就要求学生在课上完成关联作文《浅谈项羽失败的必然性》或完成提纲，准备口头发言。并在课堂上以四人小组交流关联作文，每组推荐一名同学到讲台宣读。在学生作文的引领下，师生对文章内容、主人公性格、成败的根本原因进行了较为深刻的讨论和解读。正如评课者所说"初看不起眼，细究大有味"，充分展示了语文课堂的开放性、自主性和生成性。[1]

（4）文言文教学中探究式学习的实现途径

语文课堂是调动学生语文学习兴趣，培养学生语文能力的主战场，充分挖掘语文课堂教学的隐性资源，是探究性学习的必要条件。从探究性活动的实现途径来说，主要有师生对话和小组合作两种途径。值得指出的是，根据任长松在《探究式学习——学生知识的自主建构》一书中的论述，探究式学习并不与接受式学习完全对立，它的对立面是授受式，探究式学习本身既包括自主接受式学习，也包括自主发现式学习。所以，教师可以通过师生互动和生生合作，充分协调接受式和发现式的活动，从而构建探究型语文新课堂。

①设疑激趣，师生对话式探究

我们看下面一段《赤壁赋》的教学片断：[2]

（以多媒体课件展示问题一：文章第一段的景物描写美在何处？为什么写得赛似仙境？）

生1：苏子泛舟赤壁之下，上面是一轮皓月，下面是万顷碧水，月光如烟雾般笼罩江面，清风徐徐吹拂，一叶扁舟如一片苇叶，轻浮水面，任意左右东西。景象澄澈，又似朦胧，如梦境一般。

生2：作者写自己在辽阔江面上泛舟，仿佛在浩荡的太空中乘风飞行，毫无阻碍，简直就要远离人世，悠悠忽忽升入仙界里去了，令人陶醉其中，赏心悦目。但我感觉却有"醉翁之意不在酒"之妙，长江的大气、饮酒吟诗的快感、豁达的情境都使下文悲之情

1　朱昌元. 名师课堂教学实录. 浙江教育出版社，2003年版，第139~152页。

2　朱昌元. 名师课堂教学实录. 浙江教育出版社，2003年版，第178~179页。

更加浓重和凄凉。

师：对，作者的这一段描写蕴含着一种深沉隽永的诗意，一下子把人带进了诗的国度，沉醉在山水风月之中，同作者一起去领略那深蕴的人生意义。这种境界和意蕴是过去的赋从来没有表现过的。

生3：老师，"徘徊"是来回走动的意思，而月亮一晚上只能走一次，如何"徘徊"？

师：谁能回答这个问题？

生5：我认为这里的"徘徊"是写月亮移动缓慢的意思。

生6：我想是侧面写了作者的心理，他觉得月亮对游人含情脉脉，不忍离去，因而对冰清玉洁的月亮产生愉悦之情。

师：这位同学的解答把景与情交融在一起了，很好。"徘徊"一词真是一字千钧，体现了苏轼语言的精练生动，词简情真。

在这一教学片断中，教师用课件直截了当地提出问题，引发了学生的思考。学生的回答逐层深入，甚至主动发现并提出了问题。对于学生发言中的亮点，教师及时给予肯定并进一步阐发，体现了一种平等对话，相互启发的教学理念。学生在回答这个问题的过程中，无形中对文章的内容有了一种整体的把握，对写作手法和特色有了一种感性的体认。好的文言文如同好茶，越是细致品味，越会觉得回味无穷。从容的对话和交流把文言文学习变成一种愉悦的精神享受，探究可以是冥思苦想，探究也可以像这样水到渠成，自然流畅。

② 专题讨论，小组合作式探究

对话式可以引领学生在课堂上自然流畅地思考、表达和探究，但却不是所有学生都能有效地参与进来，所以课堂探究还可以以小组为单位，进行生生合作的探究。这种形式的探究活动更具研究性、正式性。仍以《鸿门宴》为例，教师在进行研究性学习时采取了如下方法和步骤：[1]

[投影研究性学习课题立项原则]

1. 以《鸿门宴》《垓下之围》课文内容为课题立项的出发点

---

1 朱昌元.名师课堂教学实录.浙江教育出版社，2003年版，第153~164页。

2. 课题论证应充分结合课文、读本及"补充资料"

3. 课题切入点要"小些",可做相应拓展

4. 课题内容可以分为"项羽的悲剧"或"悲剧的项羽"两个角度论证

师:各小组在论证确定小组课题时要注意:①课题的出发点是课文中有关项羽的内容。②课题的确定要以充分的史料为依据,不要架空论证。③小组论证可以求同存异,可以保留自己的意见,发言时可作补充。④做好论证记录,确定小组发言人。

(学生以课题小组的形式进行讨论,老师巡视、参与讨论。时间为10分钟。教师角色为"平等中的首席",学生分组讨论时,可作为平等参与者加入其中,提供参考意见,但不是课题的最终决定者。)

师:下面我们按研究"项羽的悲剧""悲剧的项羽"为内容的课题顺序进行发言。(接下来各组代表发言、学生盘问、教师适时点拨,教室里不时发出阵阵掌声和笑声。每一专题讨论结束后,都由教师做小结。)

由上例可以看出,教师在布置要求和设置规则时都特别强调"与项羽有关""以充分史料为依据",在具体的研究、讨论过程中,学生的自主性比较大,对不同观点和看法的包容度很强,有明显的讨论和研究意识。最关键的是这种形式最大可能性地调动了每一个学生的参与热情,实现了文言文教学由审美性阅读到阐述性阅读再到历史性阅读的突破和尝试。文以史为依,史为文增趣,文史交融,实现了探究的广度和深度的有机结合。

(5)文言文探究式学习结果可以多向迁移和应用

探究的目的不是为了单纯的记忆和储存知识,更重要的是运用。在文言文教学中进行探究性阅读,其探究结果可以多方面迁移和运用。《全日制义务教育语文课程标准(实验稿)》将初中阶段的语文学习内容分为识字与写字、阅读、写作、口语交际和综合性学习五部分,文言文的探究式学习的结果几乎对各个方面都有帮助。通过对文言字词的音、形、义的积累和探究,可以增加识字量,深化对汉语言文字的理解,同时增强对传统文化的心理认同。课内探讨、研究过的篇目,可以帮助学生理解和分析课外的古文阅读,其中的一些方法和技巧对现代文阅读也同样有效。文言文的阅读探究和积累更容易促使学生表达自己对自然、社会、人生的独特感受和真

切体验,更善于多角度的观察生活、理解生活,捕捉事物的特征,从而实现有创意的表达,高考满分作文《赤兔之死》就是一个很好的例子。在口语交际层面,一方面,在质疑、讨论的课堂环节中,学生的倾听能力,即听出讨论的焦点,把握话语的条理和中心能力能够有效提高,同时使"自信、负责地表达自己的观点,做到清楚、连贯、不偏离话题"的口语表达要求得到落实;另一方面,诸如《触龙说赵太后》《烛之武退秦师》《邹忌讽齐王纳谏》等很多篇目,都可以帮助学生在自主探究中理解和掌握如何有效进行劝说、建议等语言技巧,使学生注意口语表达的感染力和说服力。综合性学习部分要求学生"掌握查找资料、引用资料的基本方法,分清原始资料与间接资料的主要差别;学会注明所援引资料的出处","讨论分析问题,独立或合作写出简单的研究报告","能用文字、图表、图画、照片等展示学习成果"等能力要求,更是与文言文的探究式学习密切相关。对于高中阶段,《普通高中语文课程标准(实验)》的目标要求是积累·整合、感受·鉴赏、思考·领悟、应用·拓展和发现·创新。其中更是多处涉及质疑探究的学习习惯和对传统文化的剖析和传承。综上所述,文言文的探究式学习不仅仅对中学文言文学习,甚至是对整个中学语文的学习意义重大,影响深远。

五、语文素养视野下文言文教学策略实施的有利条件和可能问题

(一)有利条件

1. 教育教学理论中"人"的概念的凸显

以人本主义心理学为突出代表的新的教育教学理念日益兴起,促使人们对传统的教育教学观念和方法的深刻反思。从世界范围来看,各国的课程改革都更注重学生个性、能力的积极发展,强调教育的为学生发展服务的功能。从国内来看,无论是教材编写、教学设计还是教学评价,都考虑到了学生的主体地位。

2. 国学热的兴起和古代教学传统的复兴

随着中国经济的发展以及与国际社会交往的日益频繁,中国人越来越迫切需要了解自己民族的历史,越来越需要表明自己民族所具有的独特价值的东西,这就激发了中国人复兴传统文化的强烈愿望。当我们试图从传统中寻找能代表我们民族的

精神和文化象征时，挖掘传统文化及儒家思想中有价值、有益的思想资源就成为自然而然的事，这也是我们这个民族文化自信和文化自觉的一种表现。文言文作为国学的精华，其意义和重要性也得到越来越多的肯定。包括古人的一些学习文言文的方法，如涵泳、诵读也得到很多学者和家长的认可。

3. 探究式学习的探索

探究既是中国传统治学方法的精神核心，又是西方教育中比较重视和相对成熟的教学方式。西方教育教学理论的传播也使探究式教学在语文教学中迅速展开了积极的探索。例如语文版教材就设立了探究性学习的专题。在课堂教学活动中也常常设计探究性学习的环节。探究能力被认为是一种重要的学习能力。

以上这些，为以语文素养为出发点的文言文教学策略的实施提供了有利条件，使文言文教学有可能以全新的面貌展现出来。

（二）可能出现的问题及其解决

问题一：考试作为一种评价工具和选拔手段，有其自身的合理性和价值。在中高考依然具有明显的指向性作用的今天，完全从发展语文素养出发的文言文教学可能会在追求升学率和分数的教学现实中遇到一定阻力。换言之，全社会的教育教学观念的彻底改变和教育体制的完美调整需要一个较长的过程，不能一蹴而就。这就要求教师在教育教学中有一种为学生长远发展打算的意识，正确对待学生素质和考试成绩之间的关系，力争在最大限度上求得二者的完美结合。

问题二：表面化的观念转变和盲目的目标堆砌容易造成文言文教学的华而不实，对学生主体性的片面理解可能导致教学秩序的涣散和教学效率的低下。

对策：尊重学生的主体地位不等于无视教师的存在，在文言文教学中，语文教师作为成熟的阅读者，作为平等中的首席，必须对教学内容的设计、教学方法的选择、教学重点的突破等作出积极的努力。对话式的视界融合不意味着教学内容的无限泛滥和教学活动的盲目无序。在分享阅读感受、鉴赏文言作品和探究质疑的过程中，教师有必要把握教学重点和方向，实现文言文教学的流畅、完整和有序。

结　语

　　文言文是传统文化的精华，是先人留给我们的宝贵财富，也是培养学生语文素养的丰富资源。以语言教学、情感教育、文化传承、思维培育和学习习惯养成为具体目标，充分认识文言文教学的主体间性和对话性，在诵读中感悟，在涵泳中体味，在探究中发现，文言文教学其实可以是一件幸福而美好的事情。

　　文言文教学要注重"人"的存在，无论是作者、作品中的人物，还是教师和学生。文言文阅读的本质是一场跨越时空的对话，是一次古今视界的碰撞和融合。言与文相互成就，不可分割。语境和空白是我们开启文言文教学之门的两把钥匙。

　　从语文素养的视角，发现文言文教学存在的问题，转变教学观念，重构教学目标，拓展教学资源，抓住关键要素，继承传统语文教育的宝贵经验，同时合理借鉴现代教育理念，实现教学方式的创新和变革，才能使文言文教学的前途充满阳光和希望。坚守而不保守，借鉴而不依赖，文言文是我们心中一方圣洁的天地，文言文教学是语文教师展现文化底蕴和教学智慧的宽广舞台，是一片生机勃勃、但仍有无限潜力等待发掘的土地。在传统与现代之间，寻访天地间的精华和灵气，文言文是我们心灵停靠的港湾，是我们灵魂栖息的家园。练生花妙笔，养浩然正气，在审美与创造中提升人格境界，提高语文素养。

附录（一）

关于文言文学习的调查问卷（调查对象：中学生）

亲爱的同学：

　　你好！这是一份关于文言文学习情况的调查问卷，我们希望借此了解大家在文言文学习中的体验和感受，以及遇到的障碍和困难，从而对文言文的教学提供参考和帮助。本调查结果仅用于相关研究，不记名，不会对你产生任何负面影响，请认真、放心作答。感谢你的积极配合，并祝你学习进步，生活快乐！

注: 1. 本问卷中的文言文包括诗、词、曲、赋等韵文。

2. 除第2题为多选外,其他题目均为单选。

1. 你喜欢学习文言文吗?( )

A. 非常喜欢   B. 不太喜欢   C. 很不喜欢

2. 文言文的学习使你有哪些方面的收获?( )

A. 古汉语知识   B. 古代文化常识   C. 情感陶冶和触动

D. 历史故事和人生哲理   E. 写作手法和表达艺术

F. 思维的训练和心智的启发   G. 其他

3. 你在学习文言文时会主动查阅工具书和相关资料吗?( )

A. 经常会   B. 有时会   C. 不会

4. 你对作家作品的相关背景( )

A. 很感兴趣,不满足于课文注释   B. 一般,了解课内的就行

C. 不太感兴趣

5. 文言文的学习对你的学习、生活、人生态度有影响吗?( )

A. 有很大影响   B. 有一定影响   C. 没有影响

6. 你喜欢的文言文类型:( )

A. 写人、记事类   B. 抒情、说理类

7. 你觉得课内的文言文学习对课外语段的阅读理解是否有帮助?( )

A. 很有帮助   B. 略有帮助   C. 没有帮助

8. 你认为诵读对文言文的学习( )

A. 非常有必要   B. 可有可无   C. 完全没必要

9. 你在欣赏文言文的时候,更愿意( )

A. 自己大声朗读   B. 自己默默领会   C. 与同学交流分享

10. 你认为在诵读文言文的时候( )

A. 无需技巧,自然而然就好   B. 需要一些技巧指导,方能入情入境

11. 你对诵读（   ）

A. 喜欢, 而且读得好   B. 喜欢, 但是读不好

C. 不喜欢, 但读得还可以   D. 不喜欢也读不好

12. 你在阅读文言文后会主动抄录名篇佳句吗?（   ）

A. 经常会   B. 有时会   C. 不会

13. 你感觉学习文言文（   ）

A. 难度很大   B. 有一定难度   C. 没什么困难

14. 你认为这些困难主要源自于（   ）

A. 文言词汇、语法与现代汉语的差别

B. 历史人物和事件的陌生感和距离感

C. 古今观念、情感、态度、价值取向的差别

15. 你在课堂上是否有机会和同学、老师交流阅读文言文的感受?（   ）

A. 经常有   B. 偶尔有   C. 几乎没有

16. 在课外空闲时间, 你会很有兴趣地回味、反思读过的古诗文吗?（   ）

A. 常常会   B. 偶尔会   C. 从不会

17. 你对教材中的文言文是否常有自己的观点、看法或质疑?（   ）

A. 有   B. 没有

18. 倘若你有不同看法、评价或疑问, 你会（   ）

A. 在课堂上向老师、同学请教或讨论

B. 在课下与老师、同学讨论和交流

C. 不与他人交流, 但坚持自己意见

D. 不与他人交流, 听从权威意见或参考答案

19. 你认为学习文言文时应该以（   ）为主

A. 掌握实词、虚词、特殊句式和用法

B. 领会文章的思想内涵, 借鉴写作手法

20. 你经常感觉（   ）

A. 对故事中的人物或作者的议论、抒情有同感

B. 对故事中的人物或作者的议论、抒情有不同看法

21. 你理想中的文言文课堂教学是（　）

A. 教师把每个字、每个词、每句话翻译到位，弄懂文章内容，掌握所有知识点

B. 师生讨论交流，在质疑、释疑、讨论、争鸣中学习文言文

22. 如果中考或高考不考文言文，你会（　）

A. 完全不看文言文，把精力用在其他内容上

B. 仍要读一些经典古诗文，以提高自身修养

附录（二）

文言文学习调查问卷的统计结果（单位：份）

题号＼选项	A	B	C	D	E	F	G
1	32 / 25%	76 / 61%	18 / 14%				
2	79 / 63%	77 / 61%	47 / 37%	75 / 60%	19 / 15%	22 / 17%	13 / 10%
3	18 / 14%	88 / 70%	20 / 16%				
4	48 / 38%	72 / 57%	6 / 5%				
5	8 / 6%	88 / 70%	30 / 24%				
6	78 / 62%	48 / 38%					
7	45 / 36%	69 / 54%	12 / 10%				
8	76 / 60%	44 / 35%	6 / 5%				
9	15 / 12%	88 / 70%	23 / 18%				
10	62 / 49%	64 / 51%					
11	26 / 21%	34 / 27%	44 / 35%	22 / 17%			
12	5 / 4%	60 / 48%	61 / 48%				
13	13 / 10%	101 / 80%	12 / 10%				
14	105/ 83%	10 / 8%	11 / 9%				
15	20 / 16%	79 / 63%	27 / 21%				
16	11 / 9%	90 / 71%	25 / 20%				
17	93 / 74%	33 / 26%					
18	16 / 13%	68 / 53%	21 / 17%	21 / 17%			

续表

选项 题号	A	B	C	D	E	F	G
19	65 / 52%	61 / 48%					
20	80 / 63%	46 / 37%					
21	59 / 47%	67 / 53%					
22	57 / 45%	69 / 55%					

说明：本次调查问卷实发128份，回收128份，其中残损卷2份，有效问卷126份，有效率98.4%。调查对象为北京师范大学第二附属中学高中二年级的部分文科班和理科班共4个班级的128名学生。表格中的百分数代表选择该项的学生数占总人数的百分比。

参考文献

著作类：

[1] 曹明海. 语文教学本体论[M]. 济南：山东人民出版社，2007.

[2] 曹明海. 语文教学解释学[M]. 济南：山东人民出版社，2007.

[3] 曹志平等. 中学语文课堂教学案例选评[M]. 济南：山东人民出版社，2008.

[4] 陈玉秋. 思维学与语文教育[M]. 桂林：广西师范大学出版社，2007.

[5] 褚斌杰. 中国古代文体概论[M]. 增订本. 北京：北京大学出版社，1997.

[6] 冯广艺. 汉语语境学概论[M]. 银川：宁夏人民出版社，1998.

[7] 何强生. 语文探究性学习论[M]. 合肥：安徽人民出版社，2008.

[8] 蒋济永. 文本解读与意义生成[M]. 武汉：华中科技大学出版社，2007.

[9] 金生鈜. 理解与教育[M]. 北京：教育科学出版社，1997.

[10] 课程教材研究所. 20世纪中国中小学课程标准·教学大纲汇编（语文卷）[Z]. 北京：人民教育出版社，2001.

[11] 李维鼎. 语文言意论[M]. 上海：上海教育出版社，2000.

[12]连瑞庆.形象思维与中学语文教学[M].北京：北京科学技术出版社,2006.

[13]刘凤岭.文言文教学实录[M].上海：上海教育出版社,2006.

[14]刘宏武.选择适合的学习方式[M].北京：中央民族大学出版社,2004.

[15]刘润清.西方语言学流派[M].北京：外语教学与研究出版社,2002.

[16]刘勰.文心雕龙[M].北京：人民文学出版社,1958.

[17]刘永康.西方方法论与现代中国语文教育改革[M].北京：人民出版社,2007.

[18]吕叔湘.吕叔湘文集（第四卷）[M].北京：商务印书馆,2004.

[19]倪宝元.语言学与语文教育[M].上海：上海教育出版社,1995.

[20]倪文锦.初中语文新课程教学法[M].北京：高等教育出版社,2003.

[21]倪文锦,欧阳汝颖.语文教育展望[M].上海：华东师范大学出版社,2002.

[22]任长松.探究式学习——学生知识的自主建构[M].北京：教育科学出版社,2005.

[23]施良方.教学理论：课堂教学的原理、策略与研究[M].上海：华东师范大学出版社,1999.

[24]石中英.教育哲学导论[M].北京：北京师范大学出版社,2006.

[25]孙绍振.孙绍振如是解读作品[M].福州：福建教育出版社,2007.

[26]王国维.人间词话[M].北京：中国人民大学出版社,2004.

[27]王建华.语用学与语文教学[M].第2版.杭州：浙江大学出版社,2000.

[28]王丽.中国语文教育忧思录[M].北京：教育科学出版社,1999.

[29]王荣生.语文教学内容重构[M].上海：上海教育出版社,2007.

[30]王荣生.语文科课程论基础[M].上海：上海教育出版社,2003.

[31]王尚文.语文教学对话论[M].杭州：浙江教育出版社,2004.

[32]王尚文.走进语文教学之门[M].上海：上海教育出版社,2007.

[33]王占馥.思维与语言运用[M].广州：广东教育出版社,2003.

[34]卫灿金.语文思维培育学[M].北京：语文出版社,1994.

[35]吴立岗.教学的原理、模式和活动[M].南宁：广西教育出版社,1998.

[36]夏中华.现代语言学引论[M].上海：学林出版社,2009.

[37] 薛晓嫘. 新课程语文阅读学业成就评价 [M]. 重庆: 重庆大学出版社, 2008.

[38] 叶圣陶. 叶圣陶语文教育论集（上、下）[M]. 北京: 教育科学出版社, 1980.

[39] 曾祥芹. 阅读学新论 [M]. 北京: 语文出版社, 1999.

[40] 张岱年, 方克立. 中国文化概论 [M]. 北京: 北京师范大学出版社, 2004.

[41] 张岱年等. 中国思维偏向 [M]. 北京: 中国社会科学出版社, 1991.

[42] 张汝伦. 意义的探究——当代西方释义学 [M]. 沈阳: 辽宁人民出版社, 1987.

[43] 张少康. 古典文艺美学论稿 [M]. 北京: 中国社会科学出版社, 1988.

[44] 张中行. 文言津逮 [M]. 北京: 北京出版社, 2002.

[45] 赵志伟. 旧文重读 [M]. 上海: 华东师范大学出版社, 2007.

[46] 郑桂华. 探究性学习教学示例 [M]. 杭州: 浙江教育出版社, 2004.

[47] 郑国民. 从文言文教学到白话文教学——我国近现代语文教育的变革历程 [M]. 北京: 北京师范大学出版社, 2000.

[48] 中华人民共和国教育部. 普通高中语文课程标准 [Z]. 北京: 人民教育出版社, 2003.

[49] 中华人民共和国教育部. 全日制义务教育语文课程标准（实验稿）[Z]. 北京: 北京师范大学出版社, 2001.

[50] 朱绍禹. 中学语文课程与教学论 [M]. 北京: 高等教育出版社, 2005.

[51] 朱元昌. 名师课堂教学实录 [M]. 杭州: 浙江教育出版社, 2003.

[52] 朱志贤, 林崇德. 思维发展心理学 [M]. 北京: 北京师范大学出版社, 2002.

[53] 朱自清. 朱自清语文教学经验 [M]. 北京: 教育科学出版社, 2007.

[54] 邹晓丽. 词汇通论 [M]. 沈阳: 沈阳出版社, 2003.

[55] 伽达默尔. 真理与方法 [M]. 洪汉鼎译. 上海: 上海译文出版社, 2004.

[56] [美] 勒内·韦勒克, 奥斯汀·沃伦. 文学理论 [M]. 刘象愚等译. 南京: 江苏教育出版社, 2005.

[57] 马丁·布伯. 人与人 [M]. 张健, 韦海英译. 北京: 作家出版社, 1992.

[58] 马克斯·范梅楠. 生活体验研究: 人文科学视野中的教育学 [M]. 宋广文

等译.北京:教育科学出版社,2003.

[59][瑞士]皮亚杰.发生认识论[M].北京:商务印书馆,1981.

[60][美]叶维廉.中国诗学[M].增订版.北京:人民文学出版社,2006.

[61][美]Donald R. Cruickshank.教学行为指导[M].时绮等译.北京:中国轻工业出版社,2003.

期刊、论文类:

[1]蔡莱莉.初中语文新课程实施现状及其思考[D].南京师范大学,2008.4.

[2]董领弟.在盎然兴趣中学习文言文[J].语文学刊,2006(6):133–134.

[3]黄建恒.语文场论[J].中学语文·教学大参考,2009(3):10–13.

[4]黄荣华.文学解读的三重障碍[J].语文学习,2003(4).

[5]李胜.敢问路在何方——我的文言文教学观[J].语文教学通讯,2006(9):26–27.

[6]励芒伟等.文以气为主——通过"文气"寻找文言文教学的新角度[J].语文学习,2009(2):20–22.

[7]刘金星,蔡录光.让学生成为探究者——在初中语文教学中开展探究性学习的尝试[J].现代语文,2005(6):54–55.

[8]刘占泉.从诵读走向涵泳[J].语文建设,2008(6).

[9]潘庆玉.语言哲学视阈下的语文教育[D].山东师范大学,2007.4.

[10]群言.关于阅读教学的思考[J].语文学习,2001(7–8).

[11]阮班莲.新课程理念下语文阅读课该怎样上[J].语文教学通讯(初中版),2005(12).

[12]沈春萍.初中语文探究性学习的指导方法[J].语文教学与研究,2006.7(上),77–78.

[13]苏洁.文言文教学中探究性学习的研究[D].广西师范大学,2006,8.

[14]孙秀伟.新课程背景下的文言文教学[D].东北师范大学,2005.4.

[15]王根榜.中学语文探究性学习的理论思考与实践探索[D].西北师范大

学, 2004. 10.

[16] 王志凯. 中学文言文教学目的研究 [D]. 浙江师范大学, 2002. 4.

[17] 谢基祥. 让高中文言文教学课堂焕发生命活力 [D]. 西南大学, 2006. 4.

[18] 杨秀. "发现学习" 在中小学语文教学中的理论与实践 [D]. 湖南师范大学, 2006. 10.

[19] 易思平. 文言文教学的跨学科思维 [J]. 内蒙古师范大学学报: 教育科学版, 2003, 16 (4): 111–114.

[20] 钟启泉. 我们的中小学生需要怎样的语文素养——与日本教育学者臼井嘉一的对话 [J]. 课程·教材·教法, 2002 (4): 28–30.

[21] 周庆元, 胡虹丽. 文言文教学的坚守与创新 [J]. 中国教育学刊, 2009 (2): 74–77.

[22] 周庆元. 承传与创新——语文教育改革的哲学思考 [J]. 湖南教育, 2006 (1), 4–7.

[23] 朱江. 文言文教学的思维方式 [J]. 中学语文·教学大参考, 2006 (2): 25–26.

[24] 祝艳. 试论文言文教学中的 "探究性学习" [D]. 华东师范大学, 2007. 10.

致　谢

三年的时光如白驹过隙, 女儿河畔留下了我人生中一段难忘的求学经历。在论文即将完成之际, 我要向所有帮助、指导过我的亲友、老师和同学献上我真诚的感激和美好的祝福!

感谢父母对我的理解和支持, 感谢你们赋予我积极乐观、勇于进取的性格品质, 感谢你们教会我热情开朗、诚恳宽容的待人之道, 感谢你们教会我勤恳踏实、认真负责的工作态度。感谢你们教会我用感恩的心面对社会和人生, 用爱心和恒心对待自己的工作和学业。

感谢我的导师赵宏梅老师, 感谢您对我学业上的耐心教导, 感谢您对我生活中的无微不至的关怀。我们是师生, 也是朋友, 您为我指出了知识、能力、方法等方面的不足,搭建了通向学术殿堂的阶梯,为我的人生发展指明了方向。感谢锦州中学的秦伟老师,您对我的教学实习和论文写作都给予了大量的指导和帮助。感谢渤海大学附属中学和朝阳市第二高级中学语文组的老师们,感谢你们为我提供了宝贵的教育实习的机会。

感谢于海滨老师、任丽芬老师和张福生老师,你们是我的良师益友。在我困惑时、犹疑时,我总能够看到你们鼓励的目光、助威的声音,不但教给我专业知识和技能,还为我提供了前进的动力。感谢学哥、学姐、学弟、学妹的真诚鼓励和无私帮助,我从你们那里感受到家一般的温暖,也感谢同届同学的支持和帮助,在与你们的交往中我学到了很多东西。在此,我还要特别感谢北京师范大学附属第二中学的何杰老师和高二年级的学生们,他们对我的调查问卷给予了大力的支持。

最后,我还要感谢中文系的所有领导,你们为我们营造了浓烈的学术氛围,创造了良好的学习环境;感谢中文系所有任课教师,你们渊博的学识、高尚的人品永远是我美好的回忆和学习的榜样,感谢你们让我深深感受到语言文字的无穷魅力,感谢你们把我带进了学术研究的神奇殿堂!

我深知,一句感谢并不足以表达我对你们的感激、崇敬和热爱。我将用我的虚心学习和努力工作来回报母校对我的精心培养,从而把这份深沉的师爱带给更多的学生!

浅析中学语文课堂的问答行为和讨论行为

问答是课堂中最基本、最常见的师生互动形式。但是究竟怎样做才能使这一形式发挥最大作用，达到最佳效果，争论一直是很多的。本文是在对话理论的基础上，通过对大量课例的分析，展开的一系列讨论。这对刚刚走上讲台的老师和探索高效课堂的老师来说，是有一定的启发意义的。

【摘　要】问答行为和讨论行为是课堂师生互动的两种主要形式，前者有较好的针对性、明确性、高效性，后者则具有开放性、灵活性和不确定性。为了调动学生学习语文的积极性以及符合学生学习心理的客观性，教师要掌握好两种行为的使用条件和特点，以便使课堂既有充分、扎实、明确的基础知识和能力的训练，有简洁明快的问答行为及相应的思考，又有相对轻松和开放的讨论和争鸣，从而使语文课形成一种张弛有度、点面结合的集合体。

【关键词】语文课堂；问答行为；讨论行为

随着语文课程改革的逐步深入，越来越多的教师意识到了学生在学习过程中的主体地位，在课改的号召下，自觉不自觉地放弃了"一言堂"的授课方式，努力通过对话、交流等教学行为体现课堂的启发性和开放性，其中不乏出色的课例。但也有一些教师，由于教学理念表面化或实践经验不足等原因，没能很好地把握问答和讨论行为的关系和本质，于是由"满堂灌"变成了"满堂问"。本文试图通过对课堂行为的理论分析和实践表现，揭示问答行为和讨论行为的特点、差异以及使用的一般规律，为一线教师的教学实践提供一定的参考和依据。

一、对话理论的兴起和两种行为的基本特点

最早提出对话概念的是俄国文艺理论家巴赫金。他认为，人类只有依托语言或话语才能生存、思考和交流，情感的表达、理性的思考乃至任何一种形式的存在都必须以语言或话语的不断沟通为基础，即"对话交际才是语言的生命真正所在之处"[1]。"人是作为一个完整的声音进入对话，不仅以自己的思想，而且以自己的命运和全部个性参与对话"[2]。教育研究者在他的思想启发下，提出要以对话为基础，促使教育的方法、程序和价值发生变革。这是因为，首先，对话理论蕴含着平等观念的价值预设。它追求的是一种介入双方互为主体的关系，强调在相互关联、相对自主独立、富有意义的基础上通过双方的创造达成各自的完善和满足。它为个体的自我展示、自我发展和自我超越提供了生成性的开放空间。它要求教师摒弃传统的权威身份，以真诚、完整的人格面对学生，体察学生作为发展中的主体的独特个性和创造意识。其次，对话理论具有内在的未完成性和自由开放性，意味着追求和创新。正如巴赫金所说："世上还没有过任何终结了的东西；世界的最后结论和关于世界的最后结论还没有说出来；世界是敞开着的，是自由的；一切都在前头，而且永远只在前头。"[3]以平等对话为基础和平台，师生都可以以自己的人生经历、情感背景和知识结构对文本进行赏析和批判，由此达成对文本的多元阐释和创造性阅读。

我们知道，以课堂教学的目标与内容为定向的、需要教师具备必要的专业知识和技能的主要教学行为包括三种：一种是注重呈现知识和演示技能的呈示行为，另一种是对学生的自主学习活动进行辅导的指导行为，还有一种就是着眼于师生之间相互作用的对话行为。而问答行为和讨论行为是对话行为的两种主要形式。问答行为是间断的系列行为链，除了最初的发问行为之外，行为链的后半部分很大程度上受学生当时回答情况的制约，操作起来比连续且单向性的讲述行为难把握，需要一定的教学策略。如果使用得当，能起到诱发学生参与教学、提供思维线索、提供练习和反馈机会、帮助学生进行知识迁移等诸多教学效果。根据师生参与程度和支配权利的不同，又可分为质问式和对话式两种类型。前者几乎完全由教师控制问

答的过程和方向，引导学生沿着教师预先设定的轨道行进，有一定的权威性；后者则是教师提出问题请学生表达自己的观点，并在学生观点的基础上再提出新问题，学生也可以向教师质疑，就某一问题共同探讨，因此学生对问答的进程和方向也有较多的支配机会。在问答行为策略中，教师要把握问题的难度和认知水平，努力提高问题的清晰度和有效发问次数，给学生适宜的思考时间而又能对学生的回答给予迅速、准确、积极的反应。在学生回答不成功或不圆满时，可以进行转问和探问，最后对学生的回答进行再组织，以强化正确回答。关于讨论行为的目的和特点则有一些争议。有人认为，讨论是班级成员之间的一种互动方式，通过交流来形成对某一问题较为一致的理解、评价和判断。但是根据新课标的理念、对文本多元解读的倡导和对话理论自身的要求，我认为：讨论的目的不是要统一思想，而恰恰是要打开视野，呼唤个体的独特体验。如果讨论仅以统一为目的，就不利于激发新观念、建立新理解、培养发散性思维，那不如直接运用对话式问答更能提高课堂效率。当然，讨论也不排除在倾听别人的基础上吸纳甚至改变自己原有的看法，但这是开放性的可能结果之一而不是全部。讨论有其他行为所不具备的功能，但相对来说也更难操作。据美国中小学的一项调查表明，有讨论环节的课时数只占总观察课时的4%~9%。讨论行为又有全班讨论、小组讨论、专题讨论和辩论式讨论等类型。一般来说，性格相近、观点相似的成员在一起容易有满足感，便于教师引导，但讨论效果却不好；反之，价值观念和信仰不和的人很难维持和组织讨论，但如果操作得当，却容易在理解综合问题时取得较好效果。这种悖论要求教师有较强的课堂驾驭能力。在讨论的发起阶段，要向学生说明讨论中的角色把握，设定合适的主题，使学生觉得有话可说；在讨论过程中要保持客观公正，专心倾听，把握逻辑线索，适时评价。看似轻松，实则要求教师对教学内容有深入的理解和高度的把握。特别是一旦出现冷场、争执或发言频率不均衡等情况时，更是对教师教育手段和策略的巨大考验。但如果使用得当，不仅可以达到认知方面的效果，还可以消除冷漠、紧张的师生或生生关系，实现课堂的全渠道型接触。

二、问答行为和讨论行为使用条件的一般差异和注意问题

　　问答行为和讨论行为虽然都属于课堂对话范畴,都能较好地体现师生互动,但两者的侧重点有所不同,适宜的条件和效果也有较大差异。一般说来,问答行为有较强的针对性,而讨论行为有较好的开放性;问答行为所指向的问题答案比较明确,有利于学生集中注意力,培养记忆力和短时思维力,相对效率较高;讨论行为的问题指向有一定的多义性和不确定性,侧重训练思维的深度和广度,同时要求一定的言语表达技能、分析技能和一定的知识储备,对时间、环境、氛围和准备的要求较高。从问题提出的角度,有研究者把课堂提出的问题分为四个层次,即认知性问题、理解性问题、评价性问题和创造性问题。我认为,认知性问题适合通过问答行为予以解决,明确而又迅速;理解性问题、评价性问题适合于展开讨论,调动学生的个体经验和感受,充分体现文本的多元价值;创造性问题则两可,因为创造性思维有一定的偶然性,在问答和讨论的过程中随时有可能提出创造性问题或对原有问题进行创造性解答,要靠教师在实践中敏锐观察,灵活把握。从课堂时间安排的角度看,由于人脑的优势兴奋中心不能固定地停留在大脑皮层的某一状态上,所以中学生在课堂45分钟的学习中,优势兴奋中心的保持和转移有如下规律:上课铃响后初入新课的5分钟,学生的兴奋中心停留在课间休息时形成的兴奋点上;进入新课后注意力转向课内,初中生相对能集中30分钟,高中生相对能集中35分钟;此后的10分钟(初中)或5分钟(高中),如果缺乏新的刺激,兴奋中心就开始疲劳并转向课外。根据这一规律,我认为:在课堂的初始阶段,宜用问答行为组织课堂,以吸引学生的注意力,例如,请同学回顾前次课的内容或根据已有的知识储备简介作者生平和时代背景等等,让学生在思考的过程中自觉地完成兴奋点的课内转移。在进入课内核心状态的30~35分钟内,教师可以较自由地把握、讲述、声像呈示、问答、讨论皆可,但鉴于此后学生就将进入疲劳和注意力分散状态,所以在此阶段的末期最好能组织小规模、短时间的讨论,一则课堂将近尾声,学生对课程内容已经有了较深入了解,能有话可说,有理可辩;二则在单向注意力即将分散时,多向信息渠道的相互激发

和个体主观意念的激发能最大限度地维持和刺激兴奋。第三阶段宜用讲述行为简洁收尾，或对之前的讨论做总结和申发。当然，具体的教学实践还要根据教师的授课风格、目标制定、教学内容、学生的学习风格等诸多因素进行考虑，以上仅是我个人的一点理论上的建议。

三、问答和讨论行为的课堂效果例析

由于问答行为和讨论行为都体现出较好的互动性，在教学实践中也不是壁垒森严，泾渭分明，所以我试着从一些具体的课例片断中提炼出各自体现相对突出的部分，并以此分析两种行为在课堂上各自的突出特点和作用。

1. 问答行为

总的看来，问答行为的针对性、明确性突出表现在对文章主旨的概括总结，对情景环境的细致理解和对各种信息的综合利用上，下面试各举一例：

例1　概括总结，突出主旨

教师在课题"孔乙己"的下面板书了一个副标题："一个人和一个社会"

师：我刚才写的副标题，可以看作是我对这篇课文的理解。现在，我也请大家给文章加一个副标题，来表达你对这篇课文的理解，或对孔乙己的认识，也可以是对课文的独特思考。

（短暂思考之后）

生一：一个封建科举制度的牺牲品。

生二：我想用鲁迅先生的一句话来概括："一般社会对于苦人的凉薄"。

师：很好！看法新颖，说明你的课外阅读面比较宽，值得大家学习。

生三：无望的社会造就了无望的人！

（全场为他鼓掌）

在本课例中，教师充分利用了加副标题的活动，启发和倡导学生对文本进行总结、概括，体现自己的独特看法，并且在师生、生生的相互激发中完成对文本的深入理解，方法简洁而有实效。既避免了教师单向灌输所可能产生的逆反心理，把思考分析的主动权还给了学生，又避免了学生过度发挥，偏离课堂的内容和预设，是一种有一定要求的自主权释放，利于课堂的把握和控制，又不会使学生感到过分压抑。

例2 针对细节，大胆发挥

《雷雨》片段

朴：哦，三十年前你在无锡？

鲁：是的。（三十多年前呢，那时候我记得我们还没有用洋火呢。）

师：侍萍回答"是的"就已经很清楚了，作者为什么还要写括号里的话呢？

生一：她想向周暗示自己的真实身份。

生二：她想唤起周对往事的回忆。

师：有道理。那为什么不提别的生活细节而单提洋火呢？请大家注意"我们"一词。侍萍在回答的时候思绪自然地回到了三十年前，因此不自觉地用了"我们"一词，那周呢？

生齐答：一样。

师：根据课文里给出的信息，让我们大胆地设想一下，"洋火"这个生活细节可能触发了记忆中的什么情景呢？

生一：侍萍生孩子得了病，总要关窗户，所以室内常点灯，周在灯下照顾侍萍的情景。

生二：鲁为周缝衣服的情景。

师：是啊，我们想象一下，一盏油灯下，年轻的姑娘在绣花，在她身边，丈夫怀抱着婴儿，静静地望着她，这是多么温馨的画面啊！

学生们平时也会遇到很多阅读训练的题目和各种课后题，如果课堂提问落入参考书的窠臼，就很难激起学生的兴趣。从细节入手，从看似没有问题的地方提出问题，往往能克服学生的满足感，诱发学生的探究欲望，打开文本的丰富内涵，从而帮助理解全文的感情基调。几个细小的问题，却引发了关乎文章背景、内涵的思考，以简洁的方式迅速深入文本研析的内容而不显得生涩和急促，相反，课堂形式的活泼使这种深入显得入情入理，充满情趣。几个问题步步引申，环环相扣，构成了一个完整的"问题链"，打开了课堂的纵深空间。

例3 信息整合，标新立异

师：有人认为《石壕吏》不是一首好诗。因为诗人在整首诗里始终是一个冷漠的旁观者，没有出来表过态。你同意这个观点吗？

这是一种开放性、讨论式的问答，它不就文本本身提出问题，而是对诗人评价的再评价。以此来品味诗中叙事背后的情感，体会诗句丰富的再现性和表现性，达到"一石激起千层浪"的教学效果。问题看起来没有指向性，其实结合具体文本有着丰富的内涵。而其潜在的指向性需要学生在充分的思考和辨析之后才能得出，并以此深化对该指向问题的理解。给学生提出异议的空间和平台，又使得学生自觉意识到看法的浅薄和脱离时代背景，从而更加突出文章的主旨。问题有一定的开放性，但这种开放性是受隐含的收敛性约束的，可以说是异中有同、异中求同，进一步放开了学生的思想，提高学生对信息的综合辨析能力。

2. 讨论行为

讨论行为最大的优点是能最大限度地发挥学生的个体经验和个性解读，但它不利于教师对课堂的绝对把握，因此如果使用不当容易偏离预设轨道，造成课堂时间的浪费。因此，对于完全开放式的讨论，要注意充分的前期准备，如对文本熟悉才能有的放矢；对于预设之外的突发讨论则要求教师有着多方面的综合素养和准备。

例1 完全开放式

师：上次课我们分析课文，谈自己的感悟，大家不仅投入了自己的思考，还投入了自己的情感。尽管大家看法不尽相同，但有一点是共同的：祥林嫂是被逼死的。现在我们要找出负主要罪责的人。建议同学们以起诉书的方式，起诉逼死祥林嫂的元凶。

该课例很长，讨论进行了整整一节课，我在此只截取了教师发起讨论的部分。在文本范围内，教师给予了学生最大程度上的开放——时间上、答案的多样性上。因此，很多学生都能谈出一定的看法，而且都有理有据。在各种观点的碰撞中，每个人的思想又都有所生发。由于已经熟悉了课文，讨论能够扣合文本，各抒己见，而且讨论持续的时间超出了教师的预设，说明学生在熟读文本后，对文本有着比较丰富和深刻的"二次创作"。讨论的话题抓住了主要人物和主要情节，在开放性中有一种浅浅的指向性。教师对各种答案都没有轻易否定，肯定了各种意见的合理性，最终指出祥林嫂的悲剧是社会的悲剧，为主体的理解和生发做好了准备。

例2 由问答引发的讨论

同学们正在分析《沁园春·长沙》的上阕。

生一："怅寥廓，问苍茫大地，谁主沉浮？"很豪迈，有傲视群雄的感觉；"粪土当年万户侯"表现了作者与众不同的气概和远大抱负。

生二：我不同意她的观点，我从这句中，看出作者有点狂，甚至有几分虚伪！

大家惊讶，教师却鼓励学生继续。针对学生的偏激看法，教师组织大家展开讨论，最终达到了诗歌、历史、功罪的公平和思想的统一，指出毛泽东的思想也有其历史的局限，要辩证看待。今天的社会依然需要作者理想主义的激情和英雄主义的气概，人类社会的最好局面就是"万类霜天竞自由"。

在本课例中，教师没有评价作者历史功绩的预设，但学生却在常规的品鉴之外提出了不同的看法。此时教师没有批判和压制，而是机智地调动学生之间的讨论，又凭借自己对社会、历史、政治等多方面的深刻思考征服了学生，成功地完成了深层次的课堂生成。预设之外的课堂行为更能真实地反映学生的心理状态和认知水平，抓住这样的契机能使学生更主动地学习、思考，并接受正确观点。以开放自由的讨论形式应对这种课堂问题，可以集思广益，发掘学生在内的课堂资源，同时使问题的解决自然而深刻。课堂讨论形式还有很多，鉴于篇幅限制不再赘述。讨论行为一般难以预设，课堂的成功生成对教师的知识、能力、素养都有较高要求，因此经验不足的教师应慎重选择和把握。

四 、结论

通过前面的分析，问答行为和讨论行为各有各的优点和用武之地，教师在应用时一定要根据具体情况来选择，不可偏废，更不应该为了形式而形式，架空行为背后的教学内容。"满堂问"现象的出现，其实质就是教师没有把握好这两种教学行为的特点和差异，以提问的方式剥夺了学生独立思考多向解读的时间和空间，屏蔽了学生学习的主体性。事实上，在教学实践中，两种行为经常相互结合，水乳交融，既可以说是讨论式的问答，也可以说是问答式的讨论，在指向性和开放性中找到一种平衡和统一。有人说，真正的好课，看不出刻意的雕饰，而像山间的泉水，一路自由自在地流泻下来，随物赋形，无拘无碍。怎样有利于学生思考，怎样有利于调动学生的感情，怎样有利于激发学生的智慧，从而走进作品，走进时代，就可以怎样上。教学有法，但怎样"运用之妙"，就靠一线教师"存乎一心"了。总之，只要心中有学生，课堂行为是以学生的发展为出发点和落脚点，加上相当的理论修养和实践经验，就一定能上出学生喜欢的语文课。

注释：

1. 巴赫金：《文本·对话与人文》，河北教育出版社1998年第1版，第242页。

2. 巴赫金：《诗学与访谈》，河北教育出版社1998年第1版，第387页。

3. 巴赫金：《诗学与访谈》，河北教育出版社1998年第1版，第221页。

参考文献：

[1]施良方. 教学理论：课堂教学的原理、策略与研究[M]. 上海：华东师范大学出版社，1999.

[2]马笑霞. 语文教学心理研究[M]. 杭州：浙江大学出版社，2001.

[3]区培民. 语文教师课堂行为系统论析[M]. 上海：华东师范大学出版社，2001.

[4]李镇西. 听李镇西老师讲课[M]. 上海：华东师范大学出版社，2005.

[5]王荣生. 语文教学内容重构[M]. 上海：上海教育出版社，2007.

[6]郑国民. 新世纪语文课程改革研究[M]. 北京：北京师范大学出版社，2003.

珍视传统　着眼未来

——张志公语文教育思想探微

张志公先生是我国著名的语言学家和语文教育家,他的很多教育思想在今天仍有巨大的教学价值,然而很多人似乎忽视了这一点。写作本文就是想系统总结他的教育思想的精华,珍视传统,着眼未来,从而更好地进行我们今天的教学。

【摘　要】张志公先生是我国著名的语言学家和语文教育家。他从语言学的角度阐释了语言是思维的物质承担者,汉语是非形态语言,汉语的语法规则多是选择性的,汉语言教学要遵循汉语言自身的规律和特点。他珍视传统语文教育的精华,从教材特点、训练方法、教学方法等方面进行了总结,不仅深入分析语言教育的得失,更重视进行文学教育。他的这些观点对今天的语文教学依然具有深刻的思想价值和现实的指导意义。

【关键词】张志公,传统语文教育,语言教育观

20世纪50年代,真正意义上的语文学科得以建立,叶圣陶、吕叔湘、张志公被称为语文教育界的"三老"。其中,张志公先生长期致力于语言教育和语文教学的研究工作,他的很多观点对今天的语文教学依然具有深刻的思想价值和现实的指导意义。

一、张志公先生的生平与学术研究

张志公先生生于1918年,逝世于1997年,河北省南皮县人,是我国著名的语言学家和语文教育家。1937年入中央大学,后转入金陵大学外语系,学习外国文学和语

言学。毕业后曾历任金陵大学、海南大学副教授，开明书店编辑，《语文学习》主编，人民教育出版社汉语编辑室主任，《中国语文》编委，人民教育出版社外语编辑室主任，中国文字改革委员会委员，语言研究所学术委员会委员，北京市语言学会会长，北京外语学会会长，全国中学语文教学研究会副会长，逻辑与语言研究会顾问，北京语文教学研究会顾问，《中学语文教学》顾问，《语文教学与研究》顾问，中国民主促进会中央委员会常务委员等。

张志公先生在语言文字学领域的贡献主要体现在汉语语法和修辞及语文教育方面。在语法修辞方面，他著有《汉语语法常识》《修辞概要》《语法学习讲话》《语法和语法教学》等。其中《汉语语法常识》一书，自成体系，对汉语词类划分进行了新的处理。该书注重实际应用，以丰富翔实的实例，深入浅出地论述了汉语语法现象和规律，深受广大读者的欢迎，成为当时影响较大的语法书之一。《语法学习讲话》是一本通俗而富于新意的语法书，对语法知识的普及起到了很大的作用。他主持制定的《暂拟汉语教学语法系统》及主编的中学《汉语》教科书，以及由他主编的为介绍和阐述该语法系统而出版的论文集《语法和语法教学》，是他对现代汉语语法的巨大贡献。该系统长期以来一直是中学语法教学，不少高等院校尤其是高等师范院校的现代汉语语法教学的主要依据，对现代汉语语法的教学和研究具有极为重要的意义。此外，他还有不少论文来阐述自己的语法论点，如《关于汉语句法研究的几点意见》《语法研究的理论意义和实用意义》《一般的、特殊的、个别的》《可能的和必要的》等。《修辞概要》一书打破以往修辞学著作以讲辞格为主的局面，而将修辞与语法联系起来，并讲到了风格学。此外，他还提出了"汉语辞章学"的概念，并撰文《辞章学·修辞学·风格学》和《谈辞章之学》等，初步构拟出汉语辞章学的理论框架。在语文教育方面，他著有《传统语文教育初探》《漫谈语文教学》等。《传统语文教育初探》一书通过对蒙学和蒙书所进行的系统研究与整理，对中国传统语文教育的实践和经验进行了整理和总结，具有极高的学术价值。另有关于外语教育的一些论著，如《怎样学习俄语》等。此外，他还主编了《现代汉语》教材，有《语文教学论集》《张志公论语文教学改革》《张志公文集》等著作。

用他自己的话说，"我本来是学外语的，先是学外国文学，随后转向外国语言和语言学,从20世纪40年代后期又转向研究汉语,主要是汉语语法修辞。我对传统语文教育的研究感兴趣,差不多是和我从事汉语文教学工作同时开始的"。[1]

二、张志公先生的语言观和语文教育观

如前所述,张先生首先是一位语言学家,他的许多关于语文教育的思想和观点是从语言学的角度切入和阐发的。他曾说:"语文是个民族性很强的学科。"[2]他对汉语语言学的研究不仅是语音、语汇、语法等理论表层,而是由表及里地深入了语言的本质,如语言与思维的关系;他特别强调汉语与其他语言如印欧语系之间的天然差别,主张建立属于汉语的独立的语言学理论体系,并提出具体构想,如汉语词类的划分;在对汉语语法规则的大量考察中,提出了强制性规则和选择性规则的区分。

(一)语言是思维的物质承担者

张老在他的文章中多次谈到了语言教育和思维训练的关系。他说:"语言教育是综合性的教育。"[3]他认为学习语言的过程实际上也是在学知识,学观察,学思维。他举了一个生活中的例子:

我有一个两岁半的小孙女和我住在一起。有一次姑姑给她一块糖,逗着她玩,让她把糖给我。她很大方,真的把糖举到我面前。我说:"爷爷不吃,你吃吧。"她说:"爷爷是大人,不吃糖,爷爷长小了才吃。"全家人都笑了。

张老认为,在说这句话的过程中,小孙女运用了归纳推理、演绎推理、类比推理等逻辑推理方式。孩子在学习语言的过程中逐渐学会了分类和概括,学会了各种思维形式。[4]语言是一种特殊的工具,它在代代传承的过程中还把装在其中的很多东西,如知识、思维、情感等一并传递下去。因此,语言能力的培养对一个人思维方式的形成至关重要。语文教学必须在其自身领域内,在传授知识、培养听说读写能力的过程中,担当起训练学生观察力、分辨力、想象力、思考力及创造性思维能力的重任,注重开发学生的智力。这一点是对语言教育的更深层次要求,对今天的语文教学仍有积极的指导意义。时至今日,仍有一些人认为语文教学是最简单的,是只要会写汉

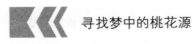

字、会说普通话、会复述教参就能够胜任的一个职业，这显然是没有认识到语言教学的思维本质，没有看到语文学科内在的深刻内涵。

张老还从现代社会发展的角度重新审视了阅读和写作教学。他认为，快速阅读能力和应用于实际生活的写作能力对现代人来说非常重要。所谓思维能力高，就是思维敏捷，并且准确严密；不仅快、准，而且很活，能在原有的知识经验基础上有所突破，有所创造。快速阅读是理解、记忆、速度的三重整体，是培养思维能力的重要手段，而思维的结果还要靠写作来完善和体现。既然语言本身与思维紧密相关，语言教学也应当体现出知识的系统性、完备性，教学方法的科学性、有效性，而不仅仅停留在经验感知和模仿操作上，从而提高语文教学的效率。今天我们重视语感教学，提倡培养语文素养，其实就是在现代的教育观念下落实语言教学的深刻性和完整性。

（二）汉语是非形态语言，汉语言教学要遵循汉语言自身的规律和特点

在现代汉语言学理论的初创阶段，研究者们大量借鉴外国语言学研究特别是印欧语系的语法框架和语言学理论，这一方面迅速增强了国人的语法意识，促进了语言学的繁荣和发展，但另一方面，由于汉语与印欧语系语言的天然差别，使得这种研究范式和话语体系在深入研究时和实际教学中遇到了一些难以解决的问题。西方的语法体系归根结底是与西方语言相适应的，它对汉语来说有某些共性，但不能解决汉语的全部问题。这种对立突出的表现在以英语为代表的印欧语系是形态语言，它以丰富的形态变化来构词和表意，各种时态、语态、人称上有严格的强制性变化要求；而汉语则是一种非形态语言，它主要靠词汇的丰富、虚词的辅助、语序的变化和约定俗成来表情达意，严格的强制性规则很少。因此在语言使用上，正误之分不明显，但优劣之分往往值得玩味和称道。这既是汉语言不够严谨准确的不足之处，又是汉语言含蓄隽永的独特魅力所在。如果我们在语言研究和语言教学中生搬硬套西方语法体系，必然使汉语的独特魅力大大削弱，民族思维和个性难以体现。反之，如果我们遵循汉语言自身的规律和特点，多做积累词汇、词语替换等练习，关注生活中活生生的语言现象，来品味语言的优美和生动，可能会事

半功倍。

（三）汉语的语法规则多是选择性的

汉语言的另一个突出特征是语法规则有较强的选择性。有些规则一般来说应当这样用，但在一定条件下又可以变通。这就出现同时存在几种相近或相似的表达公式的情况，可供选择和替换。相近与相似之间，有着微妙而复杂的差异，不同的选择，表现出优劣、巧拙和高下之分，体现了汉语的灵活、丰富、准确、多变。这就使得汉语修辞教学显得格外重要。修辞就是在运用语言的时候，根据一定的目的精心选择语言材料的工作过程。[5] 能够认真细致地选择，并且很迅速地选出最需要、最适当的说法，这就是修辞能力。的确，我们的语文课堂从来不缺乏有关修辞的教学活动，但是这些教学活动多是围绕考点做一些机械的记忆和反复套用，很少真正从汉语的内在特点上去进行有意识的教学设计和引导。因此，学生们很难把修辞方法真正有意识地运用到语言实践中。而张老在1985年的一篇名为《修辞是一个选择的过程》的文章中就提出了修辞要有创造性（即选择运用之中的独到之处）、准确性、表现力、得体性、社会性、时代性等特点，并逐一详加论述。同时特别强调，选择是一个有条件的过程，它要以丰富的语言积累为前提。我想，今天我们也可以这样说，修辞这个选择过程，需要语感的积极参与，并使语感在选择过程中得到锤炼。因此，我认为这一点对今天的语文教学依然有启发意义。

三、对传统语文教育精华的珍视

在科举制和八股文的双重夹逼下，传统的语文教育似乎走到了生命的尽头。然而张志公先生却在很早就意识到传统语文教学正因为相对独立，不受各种西方理论影响而凸显出语言和语言教育的民族性。早在1962年，他就以《传统语文教育初探》一书为传统语文教学经验的概括总结做了奠基式的工作。首先，他从教学的角度指出汉语言的四个特点：

1. 语素以单音节的为主，易形成整齐押韵的结构形式。

2. 汉语是有声调的语言。

3. 汉语是非形态的语言。

4. 汉字与汉语相适应,有固定的形体,带有音调,表示一个最小的语意单位。而与此相适应的传统语文教学就表现出了如下优点:

(1)识字教材整齐押韵,并且几乎包罗了汉语全部基本语素组合方式和基本的语法结构。以大量的朗朗上口的语言实例为学生建构了初步的语言感知框架,生动活泼而又有很大的信息含量和思考揣摩价值。

(2)属对训练。张老认为,这是一种高度综合的语文基础训练。以简单的双子对为例:"绿叶"对"红花"。这里既有同是形名结构的构词特点,又有红与绿、叶与花的意义上的相对,还有双仄对双平的音韵学要求。我认为属对训练还有以下四个好处:

①无形地在学生的潜意识中建立了对立统一的辩证思维模式。如上例,自然界中,有红就有与之相对里的绿,花和叶既同是植物体的一部分,又有某种相对立的文学意义。而这两组对立又都可以组成形名结构,可见,对立中孕育着统一。

②属对追求的是形式美和内容美的统一。整齐、对仗、押韵给人一种和谐的形式美感,并且这种美感是外显的,可以通过声音表现出来;属对的对象和内容也主要用于表现生活中积极美好的一面。古人是聪明的,他们会用"二三四五,六七八九"这样的数字对,表现"缺一(衣)少十(食)"这样一种窘境。使凄惨的处境被一种智慧之美所稍稍消减。

③属对可以开阔思维和视野,促进客观知识的积累。因为对出句各方面的要求,使得对句者总在寻找意义最相对称的事物,并力图概括该事物的准确特征,对于幼学者来说主要是打开了知识视野,获取了一些生活知识和感受。

④属对有效地训练了对汉语的选择性规则的把握,把这种近乎严酷的筛选过程变得生动而有趣。

因为手头的资料有限,无法展现张老对属对训练的详尽阐释,我想我的分析是符合张老的大致观点的。

（3）强调多读多写，"以多取胜"。[6]古人认为，贫乏是语文学习的致命伤，只有多读，才能善写，反对狭隘，主张广博。如人们常说的"读书破万卷，下笔如有神""读万卷书，行万里路"等等。古人看重知识的广泛涉猎和大量积累。以量的累积达到质的自然飞跃。

（4）重视启发学生的独立思考。除博学外，古人还看重审问、慎思和明辨。所以王安石说"古人之观于天地山川草木虫鱼鸟兽，往往有得，以其求思之深而无不在也"。他们不那么看重标准答案，而是强调学生自己的体会、求索和悟性。教师在这里所能给予的是启发引领，而不是直接结论。提倡入乎其内，出乎其外，达到自己发现问题，自己解决问题。泥古不化的老学究在传统语文教学中也是不受欢迎的。

总之，张老在中外语言文化的比较中，看到了汉语言的民族性和特殊性，对传统的语文教学进行了深入的考察和分析，科学地提取了其中的闪光成分，值得当代语文教学反省和借鉴。

四、重视文学教育

除了文白之争，20世纪语文教学的另一个焦点是语言和文学的对立和统一。作为语言学家的张老却十分看重文学教育，认为传统语文教育的弊病之一就是忽视了文学教育，提出在语文课之外再设文学课以补充。文学是一种思想的灵动，是一种智慧的绽放，是一种情感的迸发，是一段语言的舞蹈。而这些，是严谨、周密、实用的语言训练所不能达到的。文学是一个美丽的精灵，有着审美的高度和思想的深度。"文学是形象反映生活的语言艺术，想象力特别丰富，有助于认识生活、开阔视野、陶冶情操、塑造人格"[7]。虽然不要求每个人都成为文学家，但是应当要求所有受过教育的人能理解文学、欣赏文学，具有文学鉴赏能力，接受优秀文学作品的感染和熏陶，培养敏锐的观察力和丰富活跃的想象力，具备必要的文学素养。这是文学教育的任务。他反对把优秀的文学作品肢解成字词句段的练习单元，反对以单纯的思想政治教育代替真正的文学鉴赏。这些充分体现了张老对进行文学教育和培养语文能力二者之间关系的理性思考，也体现了他对语文教育整体性的认识和辩证态度。

张志公先生以其广博的知识视野、精深的专业知识和严谨的治学态度为语文教育教学工作提出了大量的指导和建议，以上所述，只是张老研究范围当中的几个微小的点，并不足以概括其全部思想理念。但他的立足语言本身特点，立足语言的民族性，积极从传统中吸取经验，从而引导语文教学走向现代化和科学化的核心观点确在文中充分体现，我认为，这些观点还会对当代语文教学起到积极的推进作用。

注释：

1. 邹贤敏、王本华. 重读张志公·走进新课标. 湖北教育出版社, 2004年版, 第51页。

2. 同上, 第53页。

3. 同上, 第162页。

4. 同上, 第163页。

5. 同上, 第191页。

6. 同上, 第45页。

7. 同上, 第154页。

参考文献：

　[1]邹贤敏, 王本华. 重读张志公·走进新课标[M]. 武汉: 湖北教育出版社, 2004.

　[2]张志公. 语言和语文教育思想研讨会论文选集[A]. 北京: 语文出版社, 1993.

　[3]张志公. 语文教学论集[A]. 福州: 福建教育出版社, 1981.

　[4]曹明海, 潘庆玉. 语文教育思想论[M]. 青岛: 青岛海洋大学出版社, 2002.

欲栽大木柱长天

——解读魏书生的教育理想和教学实践

"自闭桃园称太古，欲栽大木柱长天"是每一个教育工作者的梦想和自觉追求的目标。在这方面，魏书生老师有自己独到的见解和实践。读了魏书生老师的传记和教学日记，我深受启发和感动。每一个学生都有无限潜力，关键看教师怎么引导。教给学生学习方法，养成良好的学习习惯，为学生的一生奠基。谨以此文向魏书生老师致敬！

古人说："父母之爱子，则为之计深远。"又说："师者父母心。"可见，一个好的老师，不仅要能够传道、授业、解惑，还要对学生一生的发展有所计划，有所打算。可是具体的教学活动都是有一定的时间和空间限制的，一个人不可能永远伴随另一个人，学生终有一天要告别父母、告别校园，独立面对社会和人生，解决自身遇到的问题，判断各种是非，把握自己的方向和未来。要达到这样的效果，最好的办法，就是使每一个学生都能够学会安排好自己的生活，掌握学习的方法，学会不断反思自己的行为，自己成为自己的老师，也就是具备较强的自我教育的能力。读了魏书生老师的教育教学经验和感受之后，我觉得培养学生的自我教育能力，寓教于不教之中，是他教育教学工作的突出亮点，也是对他的以学生为出发点和归属点的教育理想的成功实践。

这里我用"教育理想"而不用"教育理论"或"教育思想"是因为：教学理论是指研究教学情景中教师的引导、维持或促进学生学习的行为，构建一种具有普遍性的解释框架，提供一般性的规定和处方，以指导实践。具有普遍性和一般性，是构成教学理论的必要条件。魏老师的语文教学改革，始终是在独特情境下的教学实践

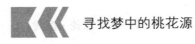

中进行的,改革发端于现实的需要,目的也是作用于当下的实践,始终有着较强的个性色彩和较多的感性描述,所以暂不称其为理论。另外,魏老师"在教学管理中总是首先将目光朝向自己,努力于自我形象的塑造和高尚人格的建设,以此作为教育教学活动的逻辑起点"[1],他始终把教育教学工作和自己的人生理想和目标紧密联系在一起,体现了高度的自觉性和责任感,在整个教育教学过程中始终贯穿着"成为怎样的教师"和"培养怎样的学生"的双重思考,所以我把它称为"教育理想"。

一、"使学生成为学习的主人"

要实现学生的自我教育,首先要在教学活动中体现学生的主体地位,使学生一步一步地摆脱对教育者的依赖,渐进式地把握学习的时间、内容、方法,从而成为自己学习的主人。在课堂教学中,魏老师采用了定向—自学—讨论—答疑—自测—自结的六步教学法。看似简单的链条式教法,其实有着很深刻的教育学和心理学原理。在"定向"这一步骤中,师生共同从语文知识树的角度确定本节课重点要掌握的内容,而舍弃其他干扰性部分,这就使课程内容有一个明确的方向,也可以说是一组确定的陈述性知识。同时,这个目标是大家共同确立的,极容易引起学生的兴趣,从而积极地在头脑中进行知识体系的建构。这一步骤相当于提出了问题,设定了目标。接下来学生自然地想到运用给定的信息(包括课文、自己原有的语文知识、教师的点拨和阐释以及其他同学的启发等等)去清除实现目标过程中的各种障碍,因为这是人类一般的认识规律。自学、讨论、答疑无疑是实现目标的关键步骤,这当中要充分完成信息的呈现、整理、传递和相互激发。自测和自结则是对问题解决的检验和回顾环节,不但能够使学生集中精力完成学习任务,而且可以发现并弥补自己知识系统建构中的漏洞。更重要的是,六步教学法本身就是一种程序和策略性知识,学生会在习惯中运用到其他科目、其他时间的学习过程中去,从而形成一定的自学能力。六步中有三个步骤都落实在学生个体上,大大提高了语文教学的效率,充分调动了每个人头脑中的知识资源,又体现了很强的针对性,是教学和管理的有效结合。

此外,魏老师还引导学生"自学一篇文章、自学一类文章、自学整册教材",一步步地把语文学习的任务交给学生,一点点地把语文教学向学生自学转化,进一步培养学生的自学能力。当这种自学能力建立起来后,还可以把教学的其他辅助环节如作业的布置和批改、试卷的设计和评价也交给学生,让学生切实地体会到自己教会自己的成就感,同时也更深入地考验了学生全面的自学能力。

在语文课堂教学之外,魏老师还帮助每位学生都成为出色的管理者,提出了计划—监督—反馈的管理机制,在时间和空间上,使学生对自己的学习任务有较好的把握和安排,又有相关机制来抵制惰性,及时更新和改进计划,真正使学生成为了学习的主人。

二、教书还须育人

自我教育能力,不仅仅是指较强的自学能力,更包含学生品德的培养、个性的形成、灵魂的塑造等多方面内容。

从培养习惯开始。良好的习惯是人生的宝贵财富。"道德品质的形成,靠在道德认识的支配下,实践道德行为,养成道德习惯"[2]。在具体操作中,魏老师采取了以法的形式把一时一地的有益行为和认识教育固定下来,以班规、班法、计划、制度来保证学生行为的正确取向性,形成良好的学习习惯、生活习惯和道德习惯,形成学生的自律意识。

注重方式方法。如上所述你也许会觉得这是一个严肃、刻板、不近人情的教育者,然而事实恰恰相反。在每节课前,他都要求学生聚精会神地齐唱一首歌。用歌曲进行美感教育,潜移默化,又充满生活的乐趣。他还要求学生轮流教大家学唱歌,充分发现每个人的潜能和个性。而犯错误写说明书或写心理病例的方法更是别出心裁,既能使学生真正认识到自己的错误,树立自省意识,又能提高学生的写作水平,还巧妙地避免了一味说教可能带来的逆反心理。一举三得,不能不说是育人的好方法。如果错误很小,没有必要写说明书,但又要起到警示的作用,就改成用唱歌和做好事的方式来"纪念"这个错误,更易让学生接受批评教育。

研究学生,关注中差生。教育者面临的最大的实际问题就是,学生的素质总是

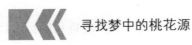

 寻找梦中的桃花源

有差距的，而在应试教育面前，成绩处于中下游的学生总会使教育者有很大的挫败感。的确，再好的教育模式也不一定适合所有的学生，所谓的"中差生"确实需要教育者投入更多的心智和精力。以魏老师为例，首先他肯定了每个人有不同的个人能力和素质，指出每个人都可以在自身独特的素质的基础上有所作为，这点并不因是否考上大学而改变，以树立起学生学习的信心和愿望。其次他进行了深入调查，找出所谓"中差生"在观察力、记忆力、思维力甚至性格、习惯上的各种具体问题，进而有针对性地通过语文教学活动进行有效地培养和训练，从而使学生掌握发展智力的方法，学会做定向、规则、惯性的智力活动，逐步摆脱学习困难状态。在这一切成功的背面，是魏老师对学生的深切关注、心灵感知和对智力科学的准确把握。

三、成功来自实践

从《修身篇》中可以看出，魏老师的教育方法、教学理念并不是心血来潮的偶然尝试，也不是教育教学理论的简单复制，他的教学方法、教育艺术源于他自己的求学经历和人生感悟。如他所说："从念初中的时候开始自学《哲学讲义》《辩证唯物主义讲课提纲》《论共产主义》等书籍，到今天，已经曲曲折折地走完了20年的自学道路。"[3] 这一方面使魏老师自身有很强的自学能力和对学习过程的深刻理解和感悟，另一方面塑造了他踏实的作风、乐观的性格和开放的视野。前者是他指导学生自学、培养自学能力的直接经验来源，即直接影响；后者则是建立良好师生关系和形成教育理想的有力支持，即间接影响，所以他才能够成为成功的教育设计者、指导者和促进者、组织者和管理者，而这些正是现代教育对教师的崭新的也是全方位的要求。

四、其他

服务学生的思想。用他自己的话说是："我不是站在学生的对立面上指挥、命令学生的长官，而是深入学生内心，辅助、帮助、协助他要求学习上进的那部分脑细胞生长、壮大、扩大范围的服务员。""我不会教书，是学生教会我教书。""老师是为学生服务的，不是为'婆婆'服务的。"这使得他永远能从学生的要求、愿望、需要入手，建立融洽的师生关系，达到师生合作的最佳效果。

教育、教学、管理的结合。这一点是王荣生教授对魏老师的评价。但我想说的是，语文知识树不是魏老师对语文课程内容和学生语文能力的理解的全部，通过《魏书生文选》的阅读，我认为，他是把语文教学分成了表层和隐层两部分。表层就是被人称为"以循规蹈矩的好教师的姿态去把握"[4]的传统教学内容，是语文知识和语文能力层面的，它的形成主要靠课堂教学完成；隐层则是学习方法、情感态度、性格习惯等全方位的培养和塑造，大致相当于情感态度价值观这一层面的，而这一层面的培养大部分是靠教育和管理的环节来实现的。所以教育、教学、管理的结合恰恰反映了魏老师全面的语文教育观，而不是像一般评论所说的"循规蹈矩"。

以上就是我对魏书生老师教育教学经验的理解和分析，从中也使我意识到教学的技巧、艺术是可以在教学实践中不断摸索和造就的，而教育理想即成为怎样的教师和培养怎样的学生的问题才是成为一个优秀的教师首先要具备的品质和必须思考的问题。

注释：

1、4. 王荣生. 魏书生语文教学思想的学理阐释. http://www. 360doc. com/content/11/0725/23/201008_135849502. shtml。

2. 魏书生. 魏书生文选·第一卷. 漓江出版社，第132页。

3. 魏书生. 魏书生文选·第二卷. 漓江出版社，第15页。

文言文教学之我见

文言文教学是语文教学中的重点和难点。本文发表于《语文教学与研究》，是我对文言文教学最初的观察和思考。正是有了这次的观察和感触，才有了后来我对文言文教学内容、方法和策略的系统研究。深入课堂，发现问题，不断研究和反思，是语文教育研究的必由之路。即使在今天看来，我依然觉得这篇文章里藏着我最初的灵感和感动，文言文教学永远是语文教学中挖掘不尽的宝藏。我相信这篇文章会对一线教师，特别是初登讲台的语文教师和有志于研究文言文教学的老师有一定的启发。

5月8日在七中听了一节公开课，讲的是柳宗元的《黔之驴》。课堂上教师能够很好地把握教学重点和难点，对学生学习方法的指导很到位，又能根据初中生的心理特点调动学生的积极性，应该说是一堂很成功的语文课。但与另一节公开课相比，总觉得缺点什么，由此引发了我对中学语文文言文教学的思考。

《纸船》一课的梦幻般的柔美给人留下了深刻的印象，相形之下本课似乎显得失于平淡。二者文体不同，一个是外国现代诗歌，一个是中国古代寓言，当然不能用甲的标准套用在乙的身上，但成功的语文课总是有某些相通之处，文言文的教学能否也增加一些生机和情趣呢？有人曾在中学语文学习现状的调查中发现这样的现象：中学生普遍是"一怕周树人，二怕文言文"。为什么会这样？我认为首先和文言文是一种比较特殊的语言形式有关。文言文对现代的人来说，接触的机会少，使用的范围小，因而显得比较陌生，因为陌生而产生了一定程度的畏惧。这正像一般人对不相识的陌生人会有一定程度的心理上的戒备。然而这种情绪并不是不可改变的，就像陌生人经过沟通和交往也会成为好朋友。而语文教学的目的之一，就是通过各种途径、方法和手段来消除这种隔阂和畏惧，使学生具备一定的文言文感知和阅读的能力。

其次是教学方法上的原因。语文特级教师钱梦龙曾分析道："多少年来,(文言文)基本的教学模式始终是老师逐字逐句串讲,加上一点古汉语知识的介绍;学生则忙于记词义、记译文。这种教法,有人总结出一个'八字真经',叫做'字字落实,句句清楚'。由于长期以来文言文考试也主要考词义和翻译,'八字真经'更被语文教师奉为圭臬,以致使人误以为教文言文就该这样教,考文言文就该这样考,舍此别无他途。这就是文言文教学为什么会成为改革死角的症结所在。"

语言是思想的外衣,的确,要想理解一篇文章的内容,必须从语言这个形式入手,而语言知识特别是语法、词义等相对来说更易于量化考察,所以在中高考中都占有相当的分值,这些都是客观事实。但人们似乎忘记了,无论古人还是今人,落笔成文总是为了表达一定的见解,抒发某种情感,而不是为了进行文字游戏,给后人留下徒劳的猜想和记忆的负担。正如《文心雕龙》中所写:"情者,文之经;辞者,理之纬。经正而后成,理定而辞畅,此立文之本也。"在文言这个看似陌生的外表下,流淌的是中华民族五千年生生不息的文化长河,蕴藏的是先人宝贵的人生的、社会的乃至宇宙的经验和猜想,这些对现代人也有着巨大的精神价值。孔子说:"如有所誉,其有所试。"这些古文之所以能穿越时空流传至今,就是因为它蕴含的思想、道理、情感、愿望经受住了历史的考验,成为人类思想宝库的明珠。因此,从思想内核上去把握文言文的教学,才会真正使学习者受益,才不是舍本逐末、买椟还珠。同时,一旦学生的思想与文章发生了共鸣,教学中真正调动起了学习者的生活体验,文本阅读就不再是苦不堪言的沉重负担,而是乐在其中的时空对话。

综上所述,我认为文言文教学应积极创设氛围和情境,设法消除学生对文本的陌生感。古人说,书读百遍,其义自见,也许就是这个道理。如今我们反思古人的教学方法,会发现熟读成诵何尝不是一条拉近读者与文本距离的捷径。这只是靠记忆力来熟悉古文。另外,还可以靠情感和思辨能力,或者靠几种能力的综合。"但愿人长久,千里共婵娟"是否也承载了现代人的离别与相思?"为之难亦易,不为易亦难"也不独是古人的学习规律吧。这些都是今人也能亲身体验到的,充分调动这些体验就能使文言文现代化、生动化。此外,教师在教学活动中有意地加以熏陶和渗

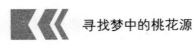

透也是很有益的。这一点我自己就有所体会。我的小学老师是个幽默而又有些随意的人，他曾在自习课时绘声绘色地给我们讲《黔之驴》的故事，还得意地背诵了其中的一部分。当然他的本意是借此警示我们不要做技穷之驴。当时虽然并不太懂，但当后来遇到这篇课文时就觉得没有隔膜感，相反，亲切，熟悉，似曾相识。试问，怀着紧张陌生的情绪去学习古文和带着亲切愉悦的心情去学习古文，哪个学习效果更好呢？

当跨过文言的陌生感这道关卡后，文言教学已经揭去了它神秘的面纱，现代文的教学方法不妨拿来一用。毕竟古代汉语和现代汉语有着不可分割的亲缘关系，古汉语的很多词义、句式在现代汉语中仍有所体现。如果我们带着一种探寻发现的心态去学习文言文，不是比机械地记忆和被动地接受要快乐得多吗？语言是一种工具，只有当凭借它找到文字背后那些无形的语意、思想、情感的时候，语言学习的意义才会体现出来，语言的学习才会表现出生机和活力。文言文不仅仅是一种工具，音调的和谐，用字的精练，结构的严谨，这些语言形式上的美也值得教师引导学生去体会。要培养学生独立阅读的能力，鼓励学生表达和保留自己独特的见解。在初读课文之后，可以先让学生谈谈自己的感受，概述文章的大意，最好不要一上来就要求学生逐字逐句的翻译课文，这样很容易束缚学生的思维，打击学习的兴趣。此时学生的回答可能会有很多问题，教师应该善于利用这些问题，引导学生自己设法寻找或通过集体讨论找到答案，达到对文章正确、深刻的理解。此外，教师还可以凭借自身的文学修养和人生阅历适度地引申和生发，从而使文章获得一种独特的韵味和魅力。表演、绘画、辩论、多媒体、文章改写和续写等等都可以成为文言教学的方法和手段。适度的留下一些空白和空间让学生去体味，而不要面面俱到。

总之，以言知文，以文化言，不使二者有所偏颇，更不用对标准答案拘泥死守。这样才能使文言文教学形神兼备，妙趣横生，从而使学生愉快地接受文言文这份文化瑰宝，并以此丰富自己的内心世界，提高自己的语文能力，获得美的体验、情的陶冶，走向充实美满的人生。

中学语文探究性阅读管窥

新的课程改革十分关注学生学习方式的转变。外在的学习方式的行为的改变，其实是内在的教育思想和理念的转变。阅读是语文教学中的重头戏，如何在阅读教学中体现探究意识和探究精神，是语文教育研究中的重要内容。本文发表于《现代语文》，从探究性阅读的理论源头到具体课例进行了探究，课例有新颖性和广泛性，特别是在探究的对象、提问的技巧、教学机智等方面给出了自己的思考，有利于充分体现学生的主体地位，提高语文能力和语文素养。

【摘　要】探究性阅读教学重视学生探究意识和创造力的培养，讲求体验、感悟、思考、发现，它以语文承载和蕴含的文化内涵、人文精神为探究的主题和探究的出发点，以语言文字为探究载体，做到了语文的工具性与人文性的有机结合。成功进行探究性阅读教学，需要明确探究的对象，注意提问的技巧和具备一定的教学机智，从而体现出学生的主体地位，提高语文能力和语文素养。

【关键词】中学语文；探究性阅读；方法策略

一、何为探究

有一则给材料作文，说的是一个小男孩在草地上发现了一个蛹，便把它带回了家。过了几天，蛹身上出现了一道裂痕，里面的蝴蝶不断地挣扎，好几个小时过去了，蝴蝶的身体似乎被卡住了，一直出不来。小男孩于心不忍，终于用剪刀剪开蛹，帮助蝴蝶脱蛹而去。可是小男孩失望地发现，这只蝴蝶身躯臃肿，翅膀干瘪，根本飞不起来……

这则故事给教育者的启示是：生命的成长需要一些必要的痛苦过程，比如知识

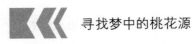

的获得, 思维的发展, 直接把答案告诉给学生, 他可以获得一时的轻松, 但锻炼过程的缺失却可能给后来的生命过程带来潜在的巨大危害。教育者对受教育者真正的爱应该是给他们体验生命、自主探究的过程和机会。难怪苏霍姆林斯基要这样说: "在优秀教师那里, 学生学习的一个突出特点, 就是他们对学习的对象采取研究的态度。"[1]

许慎在《说文解字》中说: "探, 远取之, 从手罙声。究, 穷也, 从穴九声。"表明探究是一个由近及远、由此及彼并指向无穷的探求过程。《汉语大辞典》告诉我们: "探, 即探索, 指多方寻求答案, 解决疑问; 究, 即研究, 指探求事物的性质、发展规律, 或考虑、商讨的过程。"自1961年美国学者施瓦布在哈佛大学举行的纪念演讲会上首次明确提出了探究式学习的概念以来, 在大量教育实践的基础上, 根据探究内容和探究主体等的不同, 产生了一些比较经典的探究学习模式, 如萨其曼的探究训练模式、施瓦布的生物科学探究模式、卡普拉斯的学习环模式、兰本达的"探究—研讨"教学法和考克斯的社会探究模式等。我国学者也对探究式学习提出了自己的看法, 如任长松在《探究式学习——学生知识的自主构建》中指出: "探究式学习是指学生围绕一定的问题、文本或材料, 在教师的帮助和支持下, 自主寻求或自主构建答案、意义、理解或信息的活动或过程。"

在此基础上, 我们认为: 所谓语文探究式教学, 实质上就是把探究引入语文课堂, 使学生通过质疑、求证、交流、体验, 努力寻求对文本的理解和对自我的理解, 并培养学生语文素养的自我建构能力。

探究性阅读教学指广泛意义上的"探究", 它重视学生探究意识和创造力的培养, 讲求体验、感悟、思考、发现, 它以语文承载和蕴含的文化内涵、人文精神为探究的主题和探究的出发点, 以语言文字为探究载体, 做到了语文的工具性与人文性的有机结合。其实杜威早就指出: "教育并不是一件'告诉'和被告知的事情, 而是一个主动的和建设性的过程。"在我看来, 探究不但是一种好奇的意识和冲动, 一种求知的态度和手段, 它更是课程标准中提出的与审美、语言语用并列的一种能力

---

1 苏霍姆林斯基著, 杜殿坤译. 给教师的建议. 教育科学出版社, 1984年版, 第236页。

和学生语文素养不断提高的有效过程。

二、中学语文探究性阅读的方法和策略

要想进行成功的探究性阅读,首先要有明确的探究对象。结合语文学科的特点和阅读活动的特征,我认为探究性阅读可以指向以下三个方面。

1. 指向文本内容的感知和把握

试以白居易的《琵琶行并序》为例。诗中有"弟走从军阿姨死,暮去朝来颜色故"一句。我们知道,琵琶女的身世凄冷悲苦,一般来说,如果她的家里还有亲人的话,是不会让她成为被人轻视的歌女的。那么,这里的"弟"和"阿姨"和我们现代汉语中的含义一样吗? 其实葛崇烈在唐代文学研究中早就考证过:"弟"是指与琵琶女同属教坊的同辈歌妓,而"阿姨"则是专指教坊中的长辈歌妓。只有这样,才能与琵琶女的身世、处境相吻合,同时也符合唐代征召军妓从军的历史事实和唐代的坊间俗语。理解文本是分析鉴赏的条件和前提,探究活动自然也应该从文本内容的感知和把握入手。

再以欧阳修的《秋声赋》为例。作者感慨道:"夫秋,刑官也。"这句话学生往往并不理解。其实,周朝设六官,分别以天地和四时命名,其中秋官也叫司寇,是掌管刑狱诉讼的,所以作者称之为"刑官"。后来唐朝设立吏、户、礼、兵、刑、工六部,也可与六官相对应,故后世有"吏部天官"之称。可见,在文言作品中,对文本的感知和把握还离不开对古代文化常识的自觉探究。

2. 指向文本情感的感受和体验

语文学习必须重视情感的感受和体验过程,而这种感受和体验往往是建立在对词语在语境中的含义和意味的细心体会上的。例如"忽如一夜春风来,千树万树梨花开",一个"忽"字,表现出对"北风卷地白草折,胡天八月即飞雪"的恶劣自然环境的毫不介意,诗人的乐观精神和壮志豪情跃然纸上。再看"忽闻水上琵琶声,主人忘归客不发"中的"忽"字,则能看出诗人在"醉不成欢惨将别,别时茫茫江浸月"的凄惨心境中听到优美琴声的欣喜和激动。还有史铁生的《我与地坛》:"它等待我出

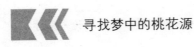

生，然后又等待我活到最狂妄的年龄上忽地残废了双腿。"一个"忽"字说尽了作者面对意外打击的悲伤和无奈。再如曾卓的《我遥望》，"在生活的海洋中，偶尔抬头"和"而今我到达了，有时回头遥望"中的"有时"和"偶尔"就非常巧妙地反映出作者积极向上的人生态度，虽然曾经徘徊和遥望，但那只是"有时"和"偶尔"。类似的例子有很多，细微处的探究往往更能彰显语文本身的魅力，培养学生的分析、思考、探索能力。

3. 指向文章写作的鉴赏和评价

有这样一道探究性试题：

某甲爱写诗，有一次曾与欧阳修同行，只是他并不知道同路的就是欧阳修，于是走着走着，看到路边有一棵枯树，也就按捺不住，念念有词来两句："远看一枯树，两个干树桠。"显然，这两句是"俗不可耐"且"不可救药"的"死"诗，既无生命，也无色彩。但欧阳修听了并不嘲笑，而是笑眯眯地说："你如果能再加两句，这诗保证漂亮！"某甲听了，也就绞尽脑汁使劲地想，欧阳修见他想得挺苦，知他已渐有所悟，也就加了两句给他听："春来苔是叶，冬至雪做花。"这两句的加入，使得整首诗活了起来。试分析后两句诗好在哪里。

再看《鸿门宴》中的两段文字：

范增说项羽曰："沛公居山东时，贪于财货，好美姬。今入关，财物无所取，妇女无所幸，此其志不在小。吾令人望其气，皆为龙虎，成五彩，此天子气也。急击勿失！"

沛公旦日从百余骑来见项王，至鸿门，谢曰："臣与将军戮力而攻秦，将军战河北，臣战河南，然不自意能先入关破秦，得复见将军于此。今者有小人之言，令将军与臣有隙……"

两段话都是对项羽说的。范增的话之后，课文没有描写项羽的反应，而刘邦的话之后，本来怒不可遏的项羽却立即告诉刘邦"左司马曹无伤言之"。刘邦的言语技巧显然非常高明。而我们知道，作为《史记》的作者，司马迁并不可能得知项羽、刘邦、范增等人的对话，因此这些传神的人物对话是司马迁根据历史的发展及人物的性格、命运进行的创造性构想。从这个角度去分析文章，我们就可以理解《史记》为什么堪称"史家之绝唱，无韵之离骚"。

成功的探究性阅读还需要一定的提问技巧。这里列举几种：

（1）在材料的交汇处提问

例如语文版八年级上册教材第六单元选了《小石潭记》《记承天寺夜游》《满井游记》等文章，它们都属于"记"这种文体。在材料的交汇处提出探究话题，可以使学生对"记"这种文体的共性有明确的认识，容易引起学生的兴趣。

（2）在材料的发散处提问

有位教师在讲杰克·伦敦的《热爱生命》一文时，并没有局限于这一篇文章，而是把法国作家蒙田、中国诗人汪曾祺、食指的同题散文和诗歌，在对比中把握文章的主旨。由讲一篇文章扩展为相关的三篇文章，开阔了学生的视野，同时也提高了学生的分析鉴赏能力。

（3）在材料的模糊处提问

在语文版八年级下册的《细柳营》一课中，有这样一句话："上自劳军，至霸上及棘门军，直驰入，将以下骑送迎。"在这里，"将"和"骑"都有两种读音，如果没有后文的语境，这里的含义是模糊的。所以可以在这里设疑，引发学生对后文内容的阅读兴趣，再反推这句话的读法和意义。

（4）在材料的概括处提问

人教版必修3中选了贾谊的《过秦论》。文章最后指出："一夫作难而七庙隳，身死人手，为天下笑者，何也？仁义不施而攻守之势异也。""仁义不施而攻守之势异也"是作者对秦王朝覆灭的结语，那么是不是像金圣叹评价的那样："秦过只是末句'仁义不施'一语便断尽"呢？"而"字在这里起什么作用？在作者看来，"仁义不施"与"攻守之势异"究竟是什么关系？这涉及作者对"仁义"的理解。理解了这一点，对全文的中心论点才能准确把握。其实，从《过秦论》的中篇和下篇我们可以看出，贾谊认为秦之过不是因为不施仁义，而是因为在攻守势异的情况下不施仁义，这二者是有区别的。

当然提问的技巧还有很多，这里就不一一列举了。探究性阅读还要求教师具备一定的教学机智。例如一位教师在教《大堰河——我的保姆》一诗时，有学生提出了

"灵魂为什么是紫色的"这个问题,而这个问题恰恰是教师没有思考过的。于是她带领学生一起分析:呈给你黄土下( )色的灵魂。填空,并说说理由。学生在这样的启发下有了很多不同的答案,而更可贵的是他们在这个过程中体会到色彩与情感的微妙关系,通过探讨和研究更加深刻地理解了诗歌的感情。同时这个课例也用了探究性阅读的一个常用方法,即换词法。此外,朗读、批注、对话也是很好的方法。正像叶圣陶在《语文教学二十韵》中所说的:"所贵乎教者,自力之锻炼。……譬引儿学步,独行所切盼。 独行将若何? 诸般咸自办:疑难能自决,是非能自辨,斗争能自奋,高精能自探。"真正好的阅读教学,一定是体现出学生的主体地位,并引导学生在自主、合作、探究中提高语文能力和语文素养。给学生留有一点探寻、求索的空间,阅读教学会更加生动活泼,魅力无限。

参考文献:

[1]叶圣陶.叶圣陶语文教育论集(上、下)[M].北京:教育科学出版社,1980.

[2]何强生.语文探究性学习论[M].合肥:安徽人民出版社,2008.

[3]任长松.探究式学习——学生知识的自主建构[M].北京:教育科学出版社,2005.

[4]靳玉乐.探究教学论[M].重庆:西南师范大学出版社,2001.

母语教育、语言能力与语言应用

——基于基础教育中语文教育现状的分析

本文从母语教育、语言能力与语言应用的视角对基础教育中语文教育的当时状况进行分析，并从语言学、心理学和教育学等多重角度，结合中小学语文教育的情况，分析母语教育中存在的问题，探求提高学生语言能力的有效方法，并力求理论探究性与实际操作性在基础语文教育中的统一。从语言、思维和文化的关系角度解读语文教学，在中外对比中探求语文教育的新路径。

【摘　要】人本主义心理学家罗杰斯曾说："我们生活在一个日益无人格的环境之中，它由电子科学技术、工业技术、城市拥挤以及简直是我们的城市、工业和巨型大学的令人绝望的庞大结构所组成。"[1]在匆忙而浮躁的现代社会中，探寻和体现个人的生存价值，延续和弘扬民族精神，母语是我们灵魂和情感之根。本文试从语言学、心理学和教育学等多重角度，结合中小学语文教育的现状，分析母语教育中存在的问题，探求提高学生语言能力的有效方法，并力求理论探究性与实际操作性在基础语文教育中的统一。

【关键词】母语教育；语言能力；语言学理论；语言现状

随着国际交流的日益紧密，人们对语言能力的要求越来越高，对外语教学的重视程度也越来越高。这给汉语教学带来了一定的冲击。作为我们的母语，现今的汉语语言生活状况如何？普通中小学学生对汉语的掌握和使用情况如何？语言能力的培养在中小学与语文教育中是否得到了充分的体现？这些都成为我们必将关注和思考的问题。

1 母语教育的重要性及其现有地位

汉语作为一种语言,有其他语言也具有的共性特征。作为汉民族的母语,它与我们的历史、文化、现实及思维和生活方式息息相关。母语不仅仅是我们生存和交流的最基本工具,更是我们民族精神和个人情感的基石。因此,教育者应在观念上格外重视母语教育工具性与人文性的统一,并切实体现在日常教学当中。

1.1 语言与思维的关系

思维是一种心理现象,同时也是一种脑力活动,它是人脑反映事物的一般特性和事物之间有规律的联系,以及通过已有知识为中介,进行判断、推理、联想和想象来解决问题或进行创造的过程。[2]人们无法了解某一个人所思所想的具体过程,但却可以通过语言及其文字符号走进他人的精神世界。因为语言是思维的表征,所谓"征于色,发于声,而后喻"。切斯特菲尔德说:"语言是思维的衣裳。"维果茨基认为,人具有其他动物所没有的高级心理机能,其核心特征是人能够利用符号工具——不仅用符号工具完成相互之间的交流,而且用符号工具掌握自己的心理过程,即用语言进行思维。[3]人们以语言作为中介完成信息交换过程,从说话人产生某种意念通过神经活动和发音器官转化成具体的语音信号,到听话人在经过一个反向的过程后达到对说话人的理解,在头脑中形成一个与之相似或相同的迹象,这个过程反映了语言与思维相互依存的基本事实。这在索绪尔的《普通语言学》中曾经提到。所以,人们如何思考,必然在某种程度上决定个人的言语表达;同时,语音信号的长期强化必然影响人们的思维方式。

人脑是进化的产物。认知神经科学的研究表明,语言可以通过功能可塑性和结构可塑性对脑的发育产生影响。不同民族的人使用不同的语言,他们头脑中语言区的形态和功能就不同,因而思维方式也有差异,这是从脑力活动方面。同时,思维作为一种心理活动,与情感有直接联系,并且外化在语言上。我们知道韩国的首都由汉城改称为首尔,这正是民族情感的外现。

1.2 语言与文化的联系

梁启超说:"文化者,人类心能所开释之有价值之共业也。"从广义上说,文化是人类与一般动物,人类社会与自然界有本质区别的独特生活方式;从狭义上看,则专指精神创造活动及其结果。[4]语言作为一个民族生存和发展的重要社会现实,作为人类所独有的第二信号系统,无论与广义文化还是狭义文化都密不可分,它构成了民族共同心理形成的基础。正如一句捷克谚语所言:"语言不死,国家不亡。"这里的语言即指母语。教育部语信司的李宇明教授说:"母语教育是文化的命脉。"文化的不同在语言中有不同的体现,从下面两个小例子中可见一斑:[5]

汉语说——病来如山倒,病去如抽丝。

英语说——Agues come on horseback, but go away on foot.

(直译为疾病骑马来,步行走。)

汉语说——杀鸡儆猴,杀一儆百。

英语说——Beat the dog before the lion.

(直译为在狮子面前打狗。)

可见在汉英这两种不同的文化中,同样的意义附着在不同的形象身上,反之,同一事物也可能象征不同的情感和意义,这里就不多举例了。汉语的语言观是言与意的统一,是心与物的一体,根源于天人合一的价值观。在言语的生成中强调"心诚""意足",以及言与境的一体化,体现着深邃的人文精神。

还记得《最后一课》中的小弗朗士吗?也许当一个民族被迫放弃本民族的语言时才会深刻感受到那熟悉的母语对于一个国家和民族意味着什么。有很多旅居海外的华人深感自己虽然没有日常交际的大障碍,但却深深感受到自己在一种很不相同的文化之外,无法融入。可见语言在长期的社会生活实践中,已不单单是一种符号和工具,更是民族文化的结晶和体现。

现行中小学课程标准都指出,"语文是最重要的交际工具,是人类文化的重要组成部分",是"工具性和人文性的统一","是学生全面发展和终身发展的基础"。应该说在课程标准中体现了母语教育的重要性和基础地位,而且明确提出了"丰富

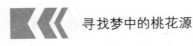

语言的积累，培养语感，发展思维"，培养"识字写字能力、阅读能力、写作能力、口语交际能力"。且在不同的学段有各自不同的明确的要求和实行建议。这里的语文，是语言和文字的结合体，也是语言和文学的结合体，因为我国的语文课是一个统一的课程，而不像有些国家把语文分成语言和文学两门独立的课程。如果说现行课标有什么不足之处的话，我以为是它忽略了地区差异性，过于强调一致性，事实上仅从普通话与方言这个角度上说教学重点就应有所侧重。但总的来说，课标对于母语教育的要求、建议是科学的、全面的。

2　语言能力与语言应用

2.1　语言能力是多种能力和素质的综合和统一

究竟什么是语言能力？对于这一点很多人有着各不相同的看法。如乔姆斯基认为语言能力是人与生俱来的一种能力，是人的一种本能，是人的认知能力的一部分。在人的大脑中已经有一个语言装置系统，后天要做的只是通过各种方法把它唤醒。社会语言学家海姆斯则强调语言在情境中的得体性和实践性，把合乎语法，适应社会文化作为主要内容。在于根元老师发起和组织的第二轮语言哲学对话中，把语言能力区分为语言知识能力、语言交际能力、语言研究能力和语言创造能力。[6] 而在基础教育中多把它定义为听、说、读、写能力的综合体。在新近的研究中又有不少学者提到了语感问题，认为"语言能力包括语感，把语感和听说读写能力和起来才真正体现一个人的语言能力"。这里语感的对象是言语或文字，是个体的心理行为，是内化与外化，整体与部分反复接通的积淀表现，是建立在语言的模糊性、丰富性，心理因素多样性基础上的创造性理解和表达。从多方面的考察我们发现，语言能力并不仅仅是言语即说话能力，它在语言生活和实践中有着丰富的内涵和外延。

如果从信息论的角度，我们可以把语言能力概括为对外界信息信号的接受以及在信息加工以后的输出。我在这里把它称为语感和语用两方面。这里的语感包括语言感觉、语言感知和语言感悟，主要指听和读；语用即语言运用能力，侧重说和写。语言感觉仅只接受声音或文字信号，建立相关神经联系；语言感知指完成从声音

（文字）信号到内容意义的转换，即听懂；语言感悟指信息接受者调动与之相关的其他信息和生命体验，达到对信息深层次的和创新性的理解。在交流和沟通变得日益重要的今天，无论哪一种定义都很难概括语言能力的全部内容和意义，但无可否认的是，语言能力是多种相关能力和素质的综合体现，是现代人更好的生存和发展的基本能力。

2.2 中小学生语言能力现状调查

既然语言能力如此重要，我们的教育是否让学生有了较高的这种能力了呢?下面是一组相关调查资料，侧重于听、说、写三方面，从中可以发现中小学生语言能力方面的一些共性问题。

调查一 我曾多次做过试验，用反馈的形式测试学生听教师讲课、听同学发言后接受信息的程度，测试结果表明：掌握90%以上的是极少数，大多数学生只能接受信息的60%左右，还有个别仅接受20%~30%……低年级学生还有比较多的"开口"的积极性，年级增高，"金口难开"的现象越来越严重……总之，怕开口，声音轻，不成句段，逻辑性差，几乎是学生口头表达方面的通病……

（材料来源：《于漪文集》第一卷，山东教育出版社，296–297页。）

调查二 高中学生说话能力调查

（一）调查对象：天津来唐庄中学高中二年级两个班88名学生。

（二）调查目的：了解一般高中学生说话水平及存在的问题，明确今后努力的方向。

（三）调查方式及方法：

（1）朗读课文——每人两次，每次给分，算出平均分。

（2）口头小作文——每节语文课用10分钟检查3~5人。一分钟布置题目，三分钟思考，之后口头作文。

（3）回答问题——随堂调查，教师事先写出小纸条，每张5~6个问题，据情计分。

（4）开辩论会——根据学校、班级、社会的某些问题分甲乙两方组织辩论。

（四）评分标准（略）

（五）调查结果：

一班（文科班）42人

	朗　读	口头作文	回答问题	辩　论
85分以上	3	1	4	2
71~85分	13	7	12	14
60~70分	24	26	18	22
60分以下	2	8	8	4

二班（理科班）46人

	朗读	口头作文	回答问题	辩论
85分以上	5	1	7	1
71~85分	16	12	16	17
60~70分	20	24	16	24
60分以下	5	9	7	4

（材料来源：张鸿苓，《中国当代听说理论与听说教学》，四川教育出版社，151-153页。）

以上两项调查表明，中小学生接受信息——听觉注意力，语言敏感性和表达自己——语言的准确性，思维的逻辑性上尚有较大差距。成绩优秀的学生较少，学生的整体语言能力水平不高。

调查三　……目前，在一部分青少年中存在着相当严重的语言污染，谈吐粗野，脏话连篇，生造词语……对男生"口头禅"的专项调查中，33%的学生使用不文明语言，6.7%的学生说脏话，60%的学生说话有语病……

……64.7%的学生认为自己词汇贫乏，21.6%的学生认为自己说话的条理性差，9.8%的学生认为自己词不达意……

（摘自《"中学生说话习惯与心理"调查分析及对策》，梁捷著。）

调查四　全国初中语文教学调查组发现,在学生的百字作文中,平均每篇错别字大约2.1个,其中音近或音同的别字占4.7%,平均每篇记叙文病句1.2句,议论文1.1句……

（摘自《语文能力发展心理学》,祝新华著。）

后两项调查则表明学生在阅读和写作,即运用语言文字的能力上尚有普遍的能力欠缺。因此综合来看,语言教育的现状不容乐观。现状如此,那原因何在呢? 是我们的教师和学生没有语言教学的意识和热情吗?

3　问题·思考·对策

3.1　听说教学的不足对语言能力的影响

声音是语言信息输入和输出的最直接手段,然而中小学语文教育中却普遍存在着重文轻语的现象。这在观念上源于错误地把语言知识等同于语言能力,更由于把试卷考核作为唯一的选拔和考试标准而不断恶化。人类的语言归根结底来自大量的言语实践,没有言语就不可能有语言。而文字书写又是为了记录语言才产生的,所以言语实践是一切语言能力的来源和根本。况且在口语表达中伴随的思维敏捷性与应变性、良好的语态和心理素质,是书面表达所不具备的,也是语言能力外延的重要体现。因而听说教学本应在基础的语文教育中占有重要地位。下面我们就和其他国家和地区的听说能力培养作一个比较。

3.1.1　与国外语文教育课程标准的比较

美国加利福尼亚州公立学校英语课程标准（一年级）

听和说:

1.0　听说策略

学生能对口头交流进行批判性地听,并作出适宜的反应;能用合适的词组和变音引导听者理解自己所要表达的中心思想。

103

理解：

1.1 集中注意力听。

1.2 为明了含义和加深理解而提一些问题。

1.3 提供、重述并遵循简单的两步指导。

口头交流的组织和表达：

1.4 围绕主题进行交谈。

1.5 谈到人物、地点、事物和事件时使用描述性词语。

2.0 听话练习（风格和特征）

学生能围绕一个前后一致的主题就自己熟悉的经历、兴趣所在进行简短的口头答问与表达，并体现出对标准美国英语和听说标准1.0中列出的组织表达策略的掌握。

运用在标准美国英语和听说标准1.0中所列的说话策略，学生能够：

2.1 背诵诗歌、韵诗、歌曲和故事。

2.2 复述故事时能运用基本的故事语法，通过回答含有谁、什么、何时、在哪里、为什么和怎么样的问题来组织时间的顺序。

2.3 以简明的顺序组织一个重要的生活事件或经历。

2.4 尽量用感性的细节进行描述。

（摘自《口语交际教例剖析与教案研制》，王志凯、王荣生编著，广西教育出版社，239-240页。）

细述此项课程标准是为了客观展现美国母语教育对听说能力的重视，从小学一年级开始，各年级均有类似的课程标准，而且能力要求不断深化、细致而又符合实际生活的需要，这体现了对语言应用能力的突出重视，为语言教育实践指明了清晰的方向。

3.1.2 与具体教学实践设计的比较

与我国一样，各国的语文课都有很多进行听说训练的活动，但形式要多得多。有报道说，在加拿大萨斯喀彻温省6~9年级学生英语语言文学课程规划中，听话活动共计26项。这些活动除了我们熟悉的朗读、讲故事、讨论、会话、介绍、致谢词、辩论等形式，还包括指路、打电话、口头报告、会议采访等社交训练，以及即兴表演、木偶戏、哑剧、情景剧、戏剧等演出活动。这些活动超越了普通课堂的范畴,渗透到学校生活、社会生活的各个层面,真正锻炼了学生的口语技能。要完成这么多教学内容,课时怎么安排,教学时间够不够呢? 我们再来看一下各国语文课在总课时量中所占的比重。

初中语文周课时占周总课时的比较

	德国	日本	荷兰	中国	加拿大	英国	美国	法国	俄罗斯
百分比	12.82	14.44	15	15.63	17.65	20	22	23.07	27.64
年份	1996	1989	1968	1995	1993	1982	1989	1996	1997

另有俄语和文学课时总量在全部课时中的比重:1967—1968学年,24.1%;1974—1975学年,25.9%;1985—1990学年,26.4%;1998年9月起,29.3%。

而在美国,英语是课时最多,分量最重的学科,处于中心地位,小学占30%~50%,初中平均为22%,高中平均为18%。

(摘自《中外母语教材比较研究论集》,江苏教育出版社。)

虽然新课标和课程改革都强调加强听说训练,教材中也确实增加了相关的内容,但在大量的教学实践中仍然没有广泛推行,师生更多的精力还是放在做题和考试上。我们似乎忘记了做题和考试的根本目的在于提高运用母语的能力,在于学会沟通和交际。训练样式少,形式呆板,课堂气氛沉闷,教学效率不高的现象仍普遍存在。即使在高中文科班,数学、外语也被认为是最具实际竞争力和升学价值的学科,因此课外的时间也很少放在语文学习和语言能力的训练上。由上可见,当在我们把精力和时间放在数理化等科学学科时,外国教育的课时安排却在向母语倾斜,这真让我们汗颜。这种现状,是不是有什么更深层的原因呢?

3.1.3　从能力评价标准看

在香港的语文会考中,听说能力的考核占总成绩的24%,细目如下:

香港语文新课程纲要2007年中学会考中国语文科

（一）公开试：占全科总分的80%，各项分值比为：

阅读	写作	聆听	朗读	口语沟通	综合能力
25%	25%	12%	3%	15%	20%

（二）校本评核：占全科总分的20%。

（引自《语言教学与研究》，施仲谋著，北京大学出版社。）

再来看看我们的评价标准：

2007年全国高考试卷（乙卷）各测试项分值分析

考查对象	字音	字形	语法	语感	词汇	文意理解	译·记	应用文体
分值	0分	3分	8分	3分	6分	45分	15分	4分
考查对象	句子仿写	作文	合计	客观题	主观题 *			
分值	6分	60分	150分	40分	50分			

注：*指除作文以外的有主观发挥性的试题。

　　从这里我们不仅看到了听说能力考核的缺失，这是笔试这种形式本身决定的，同时我们还发现了不符合语言教育内在规律的过多过细的量化和客观化考核。因为各种能力的综合并不像数字那样有简单的加和关系，语文教育和语言学习具有重情感和重感悟的特点，语言能力有较强的主观性。过多的客观标准答案限制了语言创造能力的发挥，妨碍了语言整体能力的综合体现。这是对语言能力的培养不利的。那么什么才是语言能力培养的关键呢？

3.2　兴趣、环境与语言能力的培养

　　爱因斯坦说："兴趣是最好的老师。"很多学者作家在语言或文学方面不知疲倦地研究和创作，其根本原因，用他们自己的话说，就是对此着迷。因此成功的教育首先在于激发学习的兴趣。兴趣有一个培养的过程，从没有兴趣到很感兴趣，这中间有一个克服惰性的痛苦过程。好的教育能够把学生不感兴趣的课程变成向往的乐园，建立较强的内部学习动机，形成自觉的正向激励，使学生为了进入学习的乐园，不惜穿过但丁式的炼狱，最终导致能力的形成，学习的成功。

例如,语言学被称为文科中的理科,其系统理论相当艰深。那么,中学阶段要不要进行语法教学?为什么纯粹的语法教学效果并不理想?我认为,语法是语言规律的概括和总结,对语言学习有很大帮助。因此,语法教学是必要的,应该在中学阶段有所渗透,让学生形成一定的语法意识,能够运用它识别现实语言应用中的一些问题。但为了能激起学生的兴趣,宜以大量的语用材料为前提,从语言现象和语言应用中提出概念,引导方法,而不是为了做题而做题。如果能把抽象的语法教学与丰富而生动的语言生活实际结合起来,一定能引发学生学习和研究语法的兴趣,从而达到培养语言能力的目的。

我们现行的教材设计还是以经典课文组成单元,将各种语用能力贯穿其中,而不是像有些国家那样语言与文学各自成为独立的学科且以各种不同的活动主题形成单元。那么在教学中普遍存在的一个问题就是对文章进行过分的肢解,只注重主题的把握、情节的分析等等,而往往忽略了对优美语言的鉴赏和学习。事实上,好的文章之所以感人,语言的功劳不可忽视。如《爱莲说》中的"出淤泥而不染,濯清涟而不妖"就值得细细体会。除了精神层面的内容,就音韵和辞法本身就有无限韵味。所以结合具体的篇目和语言环境发掘语言教学的潜在空间,对语文教育的完整性很有意义。

另一个问题是学生在课堂上少有发言的机会,即缺少培养语言能力的语言环境。任何技巧和能力的形成都需要大量的实践和练习,在练习和实践中不断发现错误,改正错误,求得能力的发展。给学生犯错误的机会,就像电场和磁场相互激发一样,让学生在说和听的不断激发中检验自己的语言,形成自己的语言风格和能力。光是被动地听是没有意义的。在这种环境中,教师的语言能力就显得特别重要。一方面,它是学生听到的语言范本,对学生的语言内化有潜移默化的影响;另一方面还要有激发学生表达和参与的感染力和生动性。当一个人把做某项活动与另一个感到愉悦的刺激联结起来时,这项活动就能达到最好的效果,多次强化后就能形成一种行为的自觉性。这是心理学研究的结果。所以如果学生大量发言了,但总是在被迫和压抑的气氛下进行,也是不行的。语言环境对语言能力的培养和建立有重要作用。

3.3 从社会语言学角度的一些探讨

关于语言的习得,以斯金纳为代表的认知主义学派提出了刺激—反应理论,认为语言习得的主要机制是对于外界信号的反应的强化,认为儿童是知识的被动接受者,强调外在信号的强化作用。而以乔姆斯基为代表的唯理主义语言习得理论则认为语法装置系统与生俱来,当儿童接触到外界信号时,会根据普遍语法来建构一个特定的语法系统,达到一种语言的境地,即重点在内在语言能力。

社会化的习得理论则强调人的双重性——个人性和社会性,认为包括语言能力在内的人的高级智力功能只有通过社会活动的调节才能实现。因此在语言能力的获得过程中强调交际等互动活动的影响,强调社会文化环境的影响。它给语言教育带来的启示是要重视语言环境和社会文化的影响,让语言回归生活,回归社会生活的舞台,在互动和交际中,培养语感及其他相关能力,展示语言独有的魅力。这对汉语来说尤为重要。以汉语文辞为例,文辞本身并不是自足的体系,它要表达的全部含义是从上下文或具体的语言环境中显示出来的。文辞与情境题旨充分协调切合,互相补充、生发和制约,来与语言、社会、文化环境整体相适,从而不仅能"达意",而且"含不尽之意于言外",达到言语表达的高境界和高标准。

3.4 生活和网络当中的语言应用及其他

学校生活并不是学生生活的全部。在课堂以外的时间和空间,学生们有自己感兴趣的话题和活动。最新的影视、体坛、新闻无不出现在学生的语言生活中。很多学生在聊天的过程中语言幽默、生动又极具感染力。这是学生语言生活的一片潜在天空,尽管在这里他们不曾刻意去想如何遣词造句,如何文采飞扬。在这个环境中学生既影响着彼此,也被社会语言环境所影响。例如那句小品台词"伤自尊了"曾一度在学生语言中流行。其他艺术或媒体形式,如歌词、广告、播音主持等语言形式,都在悄悄地影响着学生的语言。另一个语言的开放场所是网络。有调查表明,青少年是网络语言的主要创作者和使用者。在这里语言有着不同与外界的风格与规范。尽管这里也有一些不文明的语言现象,但更多的是体现了青年人的活力、创造力和语言的鲜活和幽默。我们应该充分看到这里的语言弹性空间和潜在创造力,而不应该一味打压。一度低迷的相声近来又重获大众的喜爱,表现了语言艺术顽强的生命力,特别是在借助其他舞台或媒体手段极少的相声表演中,语言的表现力和感染力清晰地显露出来。还有一部分戏曲爱好者,能欣赏和接触到一些有古典韵味,优美而又精炼的戏曲语言,这也是学生语言生活中的一部分。

语言的三要素是语音、语汇和语法。语音是其中最容易被直接模仿而习得的部分。最基本的汉语拼音,我们在小学就已经系统地学习过,但此后基本上就一直处于停滞状态,没有什么新信息的输入。我在想,是不是可以把大学语言学的一部分语音部分内容拿到中学加以渗透呢?这样做起码有两个好处,一是大学与中学课程有衔接,不突兀;二是可以帮助方言地区学生更好地学习普通话。同时,还能对汉语与外语的比较学习有一定的帮助,进而像演讲技能这样的课程,是否也可以以选修课的形式进入中学课堂,让有语言天赋或爱好的学生提早接受系统训练呢?我想这是有一定可行性的。

在全球经济一体化显著的今天,我们不可能忽视外语的存在及其在国际交往中的重要作用,因而也不能回避母语教育与外语教育的关系。虽然都是语言教育,但两者在心理过程上并不相同。我们对外语的学习和理解是建立在母语基础上的,因此没有好的母语语言能力做根基,后者是很难达到真正意义上的高能力的。正如一位翻译家所说,翻译的最大难处,并不在于理解外语单词的意义,而在于在母语中找到与之相对应的准确词汇。所以,我认为过早进行外语教育很容易造成孩子的语感混乱,得不偿失。

4 结语

综上所述,母语教育是当今各项教育的重中之重,母语语言能力是一个人健康而顺利地成长的必要条件。作为担负这一光荣而艰巨使命的基础语文教育,应该结合语言发展的内在规律、学生心理与生理发展的一般规律,注重启发学生的母语意识,提高学生的语言能力,并把这一切深化到学生的语言应用当中。这就需要我们借鉴语言学的研究方法,借鉴多种相关学科的研究成果,使学生通过系统的语言学习和大量实践更加深刻地理解民族文化和民族精神,形成较高的语言及其相关能力,从而在民族性与时代性的双重特色中,构建个人和民族更加辉煌的未来。

参考文献

[1]刘永康. 西方方法论与现代中国语文教育改革[M]. 北京:人民出版社,2007.

[2]彭华生. 语文教学思维论[M]. 南宁:广西教育出版社,2001.

[3]陈琦,刘儒德. 当代教育心理学[M]. 北京:北京师范大学出版社,2007.

[4]张岱年,方克立. 中国文化概论[M]. 北京:北京师范大学出版社,2004.

[5]王德春. 汉英谚语与文化[M]. 上海:上海外语教育出版社,2003.

[6]于根元等. 语言能力及其分化[M]. 北京:北京广播学院出版社,2002.

[7]孙绍振,钱理群. 对话语文[M]. 福州:福建人民出版社,2005.

[8]徐大明. 当代社会语言学[M]. 北京:中国社会科学出版社,1997.

[9]北京市语言学会. 语言学和语言教学[M]. 合肥:安徽教育出版社,1984.

[10]夏中华. 语言与语言应用问题研究[M]. 沈阳:辽宁人民出版社,1999.

[11]李维鼎. 语文言意论[M]. 上海:上海教育出版社,2000.

附: 2007年普通高等学校招生全国统一考试(语文)

第 I 卷

一、(12分,每小题3分)

1.下列各组词语中,没有错别字的一组是( )

A. 淤积 绿茵场 娇健 独占鳌头

B. 联结 抠字眼 引申 拾人牙惠

C. 融资 殊不知 传诵 委曲求全

D. 繁衍　冠名权　坚韧　磬竹难书

2. 下列各句中,加点的成语使用不恰当的一句是(　　)

这些战士虽然远离家乡,远离繁华,每天过着艰苦单调的生活,但是他们一个个甘之若饴,毫无怨言。

B. 近年来,新闻学专业越来越热,许多学生也跟着蠢蠢欲动,纷纷选学这一专业,希望将来能做一名新闻工作者。

C. 故乡变化真大,高楼拔地起,小路变通衢,不毛的小山被夷为平地,建成了现代化的开发区,真是沧海桑田啊!

D. 我国的智力残疾人已有1000万,其中相当一部分是因缺碘造成的,所以坚持食用含碘盐并不是一件无足轻重的小事。

3. 下列各句中,没有语病的一句是(　　)

A. 人与人之间总会有不同的邂逅和相逢,正是不同的人的生活轨迹不停地相交,才编织成这大千世界纷繁的生活。

B. 近年来,我国专利申请一年比一年多,专利申请的持续快速增长,表明国内研究开发水平和社会公众专利意识在不断提高。

C. 这里,昔日开阔的湖面大部分已被填平,变成了宅基地,剩下的小部分也在以10%的速度每年缩减着,令人痛心。

D. 由20多个国家的生物学家参与的“生命百科全书”研究项目,计划将世界上180万种已知物种的所有信息编纂成册。

4. 依次填入下面一段文字横线处的语句,衔接最恰当的一组是(　　)

天鹅悠闲自在、无拘无束,它时而在水上遨游,_____——它似乎是很喜欢接近人的,只要它觉得我们不会伤害它。

①时而沿着水边,　　②回到有人的地方,　　③时而到岸旁嬉戏,　　④享受着与人相处的乐趣,　　⑤时而离开它的幽居,　　⑥藏到灯芯草丛中,

A. ③①⑥⑤②④　　　　　　B. ①④⑤⑥③②

C. ①②③⑥⑤④　　　　　　D. ③②①④⑤⑥

二、(9分,每小题3分)

阅读下面的文字,完成5~7题。

《保护非物质文化遗产公约》给"非物质文化遗产"所下的定义是:"指被各群体、团体、有时被个人视为其文化遗产的各种实践、表演、表现形式、知识和技能及其有关的工具、实物、工艺品和文化场所。"它强调两个重要的条件:一是"各个群体和团体随着其所处环境、与自然界的相互关系和历史条件的变化不断使这种代代相传的非物质文化遗产得到创新,同时使他们自己具有一种认同感和历史感,从而促进了文化多样性和人类的创造力";二是"在本公约中,只考虑符合现有的国际人权文件,各群体、团体和个人之间相互尊重的需要和顺应可持续发展的非物质文化遗产"。

非物质文化遗产的表现形式多种多样,例如口头传说和表述,表演艺术,社会风俗、礼仪、节庆,有关自然界和宇宙的知识和实践,传统的手工艺技能等。所有这些形式都与孕育它的民族、地域生长在一起,构成不可拆解的文化综合体。以我国的古琴艺术为例。作为非物质文化遗产,古琴艺术的价值不只在于古琴这种乐器本身,也不限于古琴曲目和弹奏技术,更重要的在于以古琴为聚合点而构建的传统美学特质及哲学意味,并且这种美学特质和哲学意味贯穿于中华雅文化的发展当中。由于钟子期和俞伯牙高山流水的故事是以古琴为依托的,所以不仅深邃感人,而且历久弥新。可以说,知音意识和获得知音的愉悦成为雅士阶层不可分割的一种人生内容,于是音乐境界与生命境界、乐品与诗品文品都互相沟通。而遵循"大音希声"的哲学原理,古琴艺术又将儒家的中正平和、道家的清静淡远融汇于乐曲之中。每一项真正符合标准的非物质文化遗产都不可能以一个物质符号(比如古琴乐器本身)独立存在。相对于物质符号而言,非物质文化遗产中那些无形的环境、抽象的宇宙观、生命观更具价值。非物质文化遗产是人类遗产非常重要的资源,就语言、民间音乐、舞蹈和民族服装来说,它们都能让我们从更深刻的角度了解其背后的人和这些人的日常生活。非物质文化遗产涉及的范围非常广泛,每一个人都跟它脱不开关系,因为在每个人身上都存在着他所在社会的传统。

5.下列对"非物质文化遗产"定义的理解,不正确的一项是(　　)

A.非物质文化遗产可以是被群体或团体认同的文化遗产,也可以是被个人认同的文化遗产。

B. 随着人们所处环境、与自然界的相互关系和历史条件的变化，非物质文化遗产具有不断创新的特点。

C. 对于世界上那些已经被认定的非物质文化遗产，各个群体和团体都应该具有认同感和历史感。

D. 非物质文化遗产应该体现各群体、团体和个人之间相互尊重的需要，顺应可持续发展的要求。

6. 下列表述不符合原文意思的一项是（　　）

A. 非物质文化遗产无论有多少表现形式，都应该与孕育它的民族、地域构成不可拆解的文化综合体。

B. 古琴艺术被列为非物质文化遗产，凭借的是它所蕴含的美学特质和哲学意味，而非其乐器本身、曲目及弹奏技术。

C. 包含着儒家中正平和旨意和道家清静淡远韵味的古琴艺术，追求的是一种"大音希声"的境界。

D. 借助语言、民间音乐、舞蹈和民族服装等非物质文化遗产，可以更深刻地了解一个民族及其日常生活。

7. 根据原文的信息，下列推断正确的一项是（　　）

A. 雅士阶层之所以能够将音乐境界与生命境界、乐品与诗品文品沟通，正是由于他们具有欣赏古琴艺术的水平。

B. 一个实物，如果不与非物质的形式，如表演、表现形式、技能等相联系，就不能独立成为非物质文化遗产。

C. 由于非物质文化遗产中存在着无形的环境、抽象的宇宙观、生命观，所以它比其他形式的文化遗产更值得保护。

D. 非物质文化遗产涉及的范围非常广泛，每个人身上都存在着他所在社会的传统，所以每个人身上都有非物质文化遗产。

三、（9分，每小题3分）

阅读下面的文言文，完成8~10题。

宋均字叔庠，南阳安众人也。以父任为郎，时年十五，好经书，每休沐日，辄受业

博士，通《诗》《礼》，善论难。至二十余，调补辰阳长。其俗少学者而信巫鬼，均为立学校，禁绝淫祀，人皆安之。迁上蔡令，时禁人丧葬不得俭长，均曰："夫送终逾制，失之轻者。今有不义之民，尚未循化，而遽罚过礼，非政之先。"竟不肯施行。迁九江太守，郡多虎暴，数为民患，常募设槛阱而犹多伤害。均曰："夫虎豹在山，鼋鼍在水，各有所托。且江淮之有猛兽，犹北土之有鸡豚也。<u>今为民害，咎在残吏，而劳勤张捕，非忧恤之本也</u>。其务退奸贪，思进忠善，可一去槛阱，除削课制。"其后传言虎相与东游渡江。中元元年，多蝗，其飞至九江界者，辄东西散去，由是名称远近。浚道县有唐、后二山，民共祠之，众巫遂取百姓男女，岁岁改易，既而不敢嫁娶，前后守令莫敢禁。均乃下书曰："自今以后，为山娶者皆娶巫家，勿扰良民。"于是遂绝。永平元年，迁东海相，在郡五年，坐法免官。而东海吏民思均恩化，为之作歌，诣阙乞还者数千人。显宗以其能，七年，征拜尚书令。每有驳议，多合上旨。均尝删剪疑事，帝以为有奸，大怒。诸尚书惶恐，皆叩头谢罪。均顾厉色曰："<u>盖忠臣执义，无有二心。若畏威失正，均虽死，不易志。</u>"帝善其不挠，迁均司隶校尉。数月，出为河内太守，政化大行。均尝寝病，百姓耆老为祷请，旦夕问起居，其为民爱若此。以疾上书乞免，帝使中黄门慰问，因留养疾。司徒缺，帝以均才任宰相，均流涕而辞。均性宽和，不喜文法，常以为苛察之人，身或廉法，而巧黠刻削，毒加百姓，灾害流亡所由而作。及在尚书，恒欲叩头争之，以时方严切，故遂不敢陈。帝后闻其言而追悲之。建初元年，卒于家。（节选自《后汉书·宋均传》）

8. 对下列句子中加点的词的解释，不正确的一项是（　　）

A. 夫送终逾制，失之轻者　　　　失：过错。

B. 常募设槛阱而犹多伤害　　　　募：招求。

C. 有唐、后二山，民共祠之　　　祠：祭祀。

D. 帝善其不挠，迁均司隶校尉　　挠：阻碍。

9. 以下各组句子中，全都表明宋均恩德感动民众的一组是（　　）

①禁人丧葬不得俭长　②诣阙乞还者数千人　③百姓耆老为祷请　④其为民爱若此　⑤使中黄门慰问　⑥后闻其言而追悲之

A. ①②⑤　　B. ①③⑥　　C. ②③④　　D. ④⑤⑥

10. 下列对原文有关内容的分析和概括，不正确的一项是（　　）

A. 宋均早年任郎官时好读经书,常用休息日从师学习,精通《诗》《礼》二经,长于论辩。任上蔡令时执政平稳,不做偏激之事,体现了宽厚的风格。

B. 宋均任九江太守时,认为虎豹鼋鼍所以为害,在于未能善待它们,应屏除贪欲,撤除槛阱;对于共祠唐、后二山的习俗,主张不应当因此肆扰百姓。

C. 宋均在尚书令任上正直敢言,任地方官又有治绩,因而深受皇帝赏识。他因病请求辞职时,皇帝给他优厚待遇,不仅派人问候,同时仍想委以重任。

D. 宋均认为烦苛的人,可能廉洁守法,而那些狡诈刻毒的人,却会带来灾祸;早年任尚书令时即想以此向上陈告,只是限于当时形势,因而未敢上奏。

第Ⅱ卷

四、(23分)

11. 把第Ⅰ卷文言文阅读材料中画横线的句子翻译成现代汉语。(10分)

(1) 今为民害,咎在残吏,而劳勤张捕,非忧恤之本也。

译文:_____

(2) 盖忠臣执义,无有二心。若畏威失正,均虽死,不易志。

译文:_____

12. 阅读下面这首宋词,然后回答问题。(8分)

望江南

超然台[1]作 苏轼

春未老,风细柳斜斜。试上超然台上望,半壕春水一城花,烟雨暗千家。

寒食[2]后,酒醒却咨嗟。休对故人思故国,且将新火试新茶,诗酒趁年华。

[注]1. 超然台:在密州(今山东诸城)城北。当时苏轼任密州地方官。

2. 寒食:清明前一或二日。旧俗寒食节不举火,节后举火称新火。

(1)从词中的"咨嗟""休对""且将"这些词语看,你认为作者在词中要表现的是一种什么样的心情?请简要分析。

答:_____

（2）请从"情"和"景"的角度对这首词作一赏析。

答：＿＿＿＿＿＿＿＿＿＿＿＿＿＿＿＿＿＿＿＿＿＿＿＿＿＿＿＿＿＿＿

13. 补写出下列名篇名句中的空缺部分。（两题任选一题）（5分）

（1）木直中绳，＿＿＿＿＿＿＿，其曲中规。＿＿＿＿＿＿＿＿＿，不复挺者，＿＿＿＿＿。故木受绳则直，＿＿＿＿＿＿＿＿＿＿。＿＿＿＿＿＿＿＿，则知明而行无过矣。（《荀子·劝学》）

（2）长太息以掩涕兮，＿＿＿＿＿＿＿＿＿＿＿＿＿＿。（屈原《离骚》）

（3）一人之心，千万人之心也。秦爱纷奢，＿＿＿＿＿＿＿。＿＿＿＿＿＿＿＿，用之如泥沙？（杜牧《阿房宫赋》）

（4）行路难，行路难。＿＿＿＿＿＿＿＿＿＿＿，今安在？长风破浪会有时，＿＿＿＿＿＿＿。（李白《行路难》）

五、（22分）

阅读下面的文字，完成14~17题。

总想为你唱支歌

走一趟大西北，就像走在一块失去平衡的地块上。

这是一个怎样倾斜了的世界啊！

夕阳里的左公柳默默地伫立着。大漠的风沙在它们身上刻下了斑斑驳驳的伤痕。我曾见过一幕震慑人心的景象。那是一株在狂虐风暴中被击倒的左公柳。这老柳并没有就此而死亡。在它倒伏的身躯下，庞杂的根系一半裸露在地上，一半残留在地下。于是，残留在地下的根系便顽强地负起了生命的全部使命。茂密的枝叶在倒下的躯体上依然生长得非常美丽，每一片叶子在阳光映照下好像一串串晶莹发光的绿宝石。

去民勤县拜访苏武山，公路有一半被流沙所拥没。民勤被喻为沙海中的孤岛，四周为浩瀚沙漠所包围。苏武牧羊的故事听说就发生在民勤已经干枯的北海边。有话流传："民勤无天下人，天下有民勤人。"一曰民勤之艰苦，外乡人都望而生畏，不肯前来安营扎寨；二曰民勤人肯吃苦，敢于外出闯荡。在民勤，常常能见到这样的画面：一个农人，一匹骆驼，一辆小板车，在泥沙的路上踽踽走着。落日将他们的影子拉得很长

116

很长。那农人裸露的脸和手是黑的而且皱着，那农人转动的眼珠是迟缓的却是渴望的。他们就在这一派灰黄的鸿蒙中往返着。由于降生在这样一个巨大的空间里，他们已无所谓大。由于生存在这样一块没有生迹的土地上，他们亦无所谓无。他们知道属于自己的只有一个：要想活下去，只有向命运抗争。

在戈壁上赶路，还能经常看到这样的情景：一片片疤痕累累、粗壮结实的胡杨林，因缺水而死亡了。仿佛是一个刚刚经历了恶战的古战场，死亡的胡杨林挺立着身子不肯倒下，一条条高高举起的痉曲干枯的胳膊直指蓝天，密密麻麻的胳膊汇成了一片呐喊的海洋，为活着的伙伴和为死去的自己。荒漠戈壁上随处可见被榨干了最后一滴水的枯枝败草的尸体，唯有枯死的胡杨林的方阵总使我热泪盈眶。

在戈壁大漠中赶路，满目皆是这巨大的悲壮。走一趟大西北，人会坚强几分；<u>走一趟大西北，长不大的孩子会长大。</u>

在大西北我曾拣回一枚戈壁石。谁也无法读出它的年龄，谁也无法估出它的身价。它体不盈握，状若鹅卵，但通体的赤红中沁着几缕淡淡的乳白，红白相间的石纹如涌动的江潮。记得那天就是这石纹吸引了我，从此我们再没分离。月光溶溶地罩着它，珠圆玉润般生辉，沉鱼落雁般美丽。多少夜我与它默默对视，静谧中总听见一个声音在呼喊我。那声音苍凉而低沉，那声音遥远而神秘，那声音从不可知的地方飘来，又消散在不可知的地方。每每从沉思中醒来，心湖里便又涨潮似地涌动一层情思。也许有那么一天，大家会猛然醒悟：<u>南方的天地太玲珑剔透了，太经不起摔打了。</u>那里挤满了人，矗满了楼，停满了车。人们会发现，大西北正在呼唤我们。尽管那里的风是干燥的，水是咸涩的，但那里有可以让鸟儿展翅翱翔的天空，那里有可以让生命茁壮生长的绿洲。是的，会有那么一天，大西北会像海市蜃楼一样美丽，到那时，倾斜了的世界会重新平衡。

大西北并不苍白并不无奈的黄土地呵，总想为你唱支歌。

14. 文中刻画的"左公柳"和"民勤人"两个形象具有哪些相同的特点？作者描写这两个形象的用意是什么？（6分）

答：_____

15. 解释下列两句话在文中的含意。（4分）

(1) 走一趟大西北, 长不大的孩子会长大。

答:_____

(2) 南方的天地太玲珑剔透了, 太经不起摔打了。

答:_____

16. 文章第五段运用了哪些表现手法来描写枯死的胡杨林? 这样写有什么好处? (6分)

答:_____

17. 文章后一部分写到了"戈壁石", 这对表现文章的主旨有什么作用? 请简要分析。(6分)

答:_____

六、(15分)

18. 穆天宇给余爷爷留一张便条, 本想写得有点文采, 却有4处用词不得体。请将不得体的词语找出来并进行修改。(4分)

余爷爷:

惊悉阁下病了, 父亲让我登门造访, 未能见面。现馈赠鲜花一束, 祝早日康复!

小宇

6月7日

①将_____改为_____;

②将_____改为_____;

③将_____改为_____;

④将_____改为_____。

19. 下面一段文字中画横线的词语, 有的必须删去, 有的不能删去。请把它们找出来, 将序号分别写在横线上。(5分)

夏天到了, 人们喜欢吃一些生冷的食品, 外出就餐的频率也高了, 这都将给肠道传
　　　　　　　　　　　　　　①　　　　　　②　　③　　④　⑤
染病的发生埋下了隐患。某市的一项专题调查显示:79%的痢疾患者有过不洁饮食史, 他
⑥　　　　　　　　　　　　　　　　　　　　　　⑦　　　⑧

118

们食用的不洁物多为不干净的熟食、冷荤或剩米饭等；从饮食地点看,51%的患者曾在外
　　　　⑨　　　　　　　　　⑩
就餐,13%为有野炊经历。
　　　　　⑪

（1）必须删去的是：_____

（2）不能删去的是：_____

20. 请以"梦想与现实"为内容,仿照下面的示例写两个句子。要求每个句子都
采用比拟的修辞方法,两个句子之间构成对偶。(6分)

　　太阳热烈、奔放,带着万丈光芒,给生灵以活力；

　　月亮温馨、宽容,带着无际清辉,给万物以安宁。

　　答：_____

七、(60分)

21. 阅读下面的图画材料,根据要求写一篇不少于800字的文章。(60分)

　　要求选择一个角度构思作文,自主确定立意,确定文体,确定标题；不要脱离材
料内容及含意的范围作文,不要套作,不得抄袭。

　　——引自人民教育出版社网站2007全国卷(乙卷)

从化文到育人

——语文学科价值取向的历史演变

立德树人,是语文学科义不容辞的责任。梳理语文学科价值取向的历史演变,可以帮我们更好地理解语文学科的特质。正如我在摘要中预测的那样,语文学科的价值取向逐渐从单纯的作文入仕变为以学生发展为核心的人文性与工具性的统一。未来语文课程标准的制定将强化人文性,突出学生本位,增强开放性和过程性。知行合一,思则不远,文以载道,道不远人,语文学科的育人功能将日益凸显。

【摘 要】20世纪的语文教学经历了现代语文的兴起,教学体系的形成、持续发展,当代语文的新生、曲折探索、改革发展等时期,语文学科的价值取向逐渐从单纯的作文入仕变为以学生发展为核心的人文性与工具性的统一。未来语文课程标准的制定将强化人文性,突出学生本位,增强开放性和过程性。

【关键词】语文教学;价值取向;学科性质;发展变化

一、缘起

对于语文学科的性质,学术界向来争鸣不已,而且每种见解都有其内在的合理性。要解决语文学科的教学目的和任务问题,近来有学者提出以语文学科的价值取向为参照。[1]穿越历史,我们发现今天语文教育的内容和形式与古代语文教育有着天壤之别。在这个过程中,语文学科内部各要素究竟发生了怎样的变化以及未来还可能发生怎样的变化,换言之,把握住语文学科的性质和价值取向,对语文教育教学活动意义重大。

二、20世纪至今语文教学发展的历史梳理[2]

（一）1901—1910中国现代语文教学的兴起时期

中国古代的教育是一种混合型的教育，并没有独立的语文学科，现代意义上的语文学习是融会在读经、讲经、辞章等教学活动中的。清末的社会现实激发了一部分有识之士的改革思想，经过重重努力，终于在光绪三十一年（1905年）迫使顽固的慈禧政权下谕"立停科举以广学校"，正式完全废止了实行了1300年的科举制度。摆脱了八股取士的价值取向的语文教学取得了一定意义上的自主空间，并由1902年的《钦定学堂章程》和1904年的《奏定学堂章程》确立了自己的独立设科地位。在这一时期，语文学科的名称是读经、辞章和中国文学。它实际是在延续古代语文读经以明理修身的价值取向，并逐渐向语文学科自身的构成要素取向转变。

（二）1911—1926中国现代语文教学体系的形成时期

清末新政时期语文教育独立设科的教学实践，以及"五四"新文化运动对西方教育方法和教育理论的引进，使得人们对语文学科的内在要素和构成有了更全面的认识，这时的语文学科名称是国语和国文。语文学科不仅在名称上，更在教学目的、教学内容、教学方法、学业评价标准上形成了自己独立的体系，语文教育的现代性进一步加强。白话文在语文学科教学中开始占有一席之地。这一时期的语文教学观是语言训练兼以启发智德。

（三）1927—1948中国现代语文教学的持续发展时期

经过前一时期的努力，白话文在小说、诗歌、戏剧等方面都出现了一些优秀作品，但在其他文化领域，如报纸上的社论、新闻，政府的公文、法律条文，学校的作文及试卷等，文言文仍有一定的社会生命力。民族的危亡使得教化民众的任务空前凸显，语文教学开始走进最底层的劳动人民。因此这一时期的语文现代性构建主要表现在语言共同化、文体口语化、文字简易化和注音字母化。

（四）1949—1957中国当代语文的新生时期

在总结国统区和解放区语文教育教学经验的基础上，语文学科走向了国语和国文的融合，即语文。它涵盖了口头表达和书面表达两方面内容。这一时期语言学的研究有了初步的发展，很多语文教育家本身也就是语言学家。在借鉴苏联教育经验的基础上，1955—1956年间曾颁布了一套中学语文教学大纲，实行汉语和文学分科教学。这是对语文学科教学内容和知识体系的一次系统的完善。

（五）1958—1976中国当代语文的曲折探索时期

由于种种原因，分科教学没有得到充分的落实和实践。为了体现"教育大革命"的理念，教材中大量选进了紧跟形势、助长浮夸、内容空洞、缺少文采的文章，加之在教学过程中片面强调突出政治，最终造成了思想政治教育和语文知识教学两败俱伤的恶果，引发了语文教学战线关于文道关系的大讨论。在这种情况下，1963年教育部颁布了《全日制中学语文教学大纲（草案）》，语文学科的工具性得到充分的肯定。

（六）1977—2000中国当代语文教学的改革发展时期

"文化大革命"的结束给了语文学科重新审视自己、完善自己的时间和空间。开放的思想和文化背景促使语文教材显示出了地域性和多样性。在广阔的国际视野下，语文学科有了更广阔的发展空间，语感、口语交际、课外活动等概念进入了2000年的教学大纲，世纪末的语文教学问题大讨论使得人们更加全面、深刻地思考语文教育教学的核心问题。

（七）2001年至今面向21世纪的中国语文教学

在充分总结历史经验和国际母语教育经验的基础上，语文教学有了新的目标和价值取向。对语文素养论的充分认同，对课程目标三维标准的确立，对学习方式变革的明确要求和对语文综合性学习的提出，为新世纪的语文教学注入了生机和活力。语文教学要以学生的成长和进步为宗旨和皈依。

三、语文学科内部各要素的变化发展及其价值取向的演变

由上面的历史梳理我们可以感受到语文教学在一百余年的历史演进中有几点突出的变化，它们像历史长河中的点点浪花，突出显示了其所在阶段语文学科中的主要矛盾。而这种变化的端倪和过程均在历年的语文课程标准（大纲）中有所体现。因此课程标准的变化集中体现了语文学科价值取向的演变。

（一）语文学科内部要素的发展变化

1. 从以文言文为主到以白话文为主

文言和白话是两种不同的言语形式，它们有各自的规范语法体系和特色。文言文是古人的书面语，有比较固定和严谨的语法规则，应该说，它在几千年的文化传承中有着不可取代的历史作用。但同时，它的相对封闭的体系，相对复杂的句法逻辑，相对僵化的结构范式，的确不能适应现代社会的发展要求，特别是由于脱离了绝大多数人的言语生活实践而使其自身黯然失色。白话文是现代人的书面语，它的特点是语法、句式都比较灵活，与口语的差别非常小，这样，从口能言者到手能书者的难度大大降低，更适于解决现实生活中的问题。而且，白话文相对开放的语法规则体系也给人们的思维方式打开了一扇开放之窗。所以，从文言文到白话文反映的是语文学科人文性、社会性、实用性、趋易性的价值取向。

2. 从单纯重读写到听说读写并重

"学而优则仕"的思想影响着封建社会的知识分子，既然读书就是为了最后的一篇八股制文，学子们只好把绝大部分的时间和精力放在完善文章上。现代语文从个体的实用价值出发，以国文和国语的分别设置开拓了语文学科的教学空间。小学自1923年始，中学自1929年的《初中国文暂行课程标准》始，演进语练习、简单会话、童话演讲、口语练习、演说、辩论等项目开始作为课程要求的内容之一。到1986年的《全日制中学语文教学大纲》时，听说能力的具体要求已经进行了相当的细化。但在

123

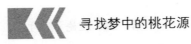

一般的语文教学实践中，读写的比重仍占绝大部分，听说教学尚未形成完整的体系，教学方法也在不断摸索之中，所以在新课标中口语交际也是课改的标志之一。

3. 从单纯重视语言教育到语言文学并重

在古代的语文教育中，语言研究大致相当于训诂、注疏等学问范畴，语言教学主要是识字、辞章等内容；文学研究则主要是《诗品》《文选》《文心雕龙》等文学理论探索，文学教学是融会于读经、写作等教学活动之中的。由1909年语文学科由中国文学命名就可以看到古代和近代的语文教育是没有语言和文学分立的概念的。国语和国文的分别设置在某种程度上使人们意识到语文学科内部既有口头语和书面语的并立，也有语言和文学的各自独立和相互融合。特别是在对苏联语文教育经验的借鉴中，一度明确了语言、文学的相对独立性。在后来的关于语文学科的工具性和人文性的探讨中，语言教育、文学教育也曾被不同程度地有所侧重。语言和文学都是语文自身的组成要素，因此不论侧重哪一方面，都反映了语文学科的学科价值取向。

4. 从单纯为政治服务到语文学科脱离政治的独立工具性

在1932年的《初级中学国文课程标准》和《高级中学国文课程标准》附注中就有"选文材料中应注意加入下列各项之党义文选"的要求。语文学科的思想教育取向在上述第五分期中达到极致，因而也引起了人们对语文学科价值取向的反思。语文学科的社会价值不应表现为思想政治教育的替代品，不应建立在对人的思想观念的强制要求上，而是应该通过文章的美感和哲理性走进读者的情感世界，从而改变人的思维和价值取向。也就是说，语文学科首先要有区别于政治的学科独立性。

5. 从单纯工具性到人文意识的觉醒

人们对语文学科性质的认识经历了一个长期的历史过程，文白之争使人们更加看重语文的实用价值，政治元素的过度加入也使得语文学科独立于政治之外的工具性得以加强，所以，在2001年以前的教学大纲或课程标准中都明确指出"语文是最重要的交际工具"。而对语文学科的人文性则含糊地以"是人类文化的重要组成部分"带过，直至2001年才明确指出"工具性与人文性的统一，是语文课程的基本特点"。工具性与人文性统一于学生的精神成长和言语实践，二者的融合反映语文学科的价值取向由学科本位、社会本位转向了学生本位。

6. 从单纯教师讲授到学生自主合作探究

以学生为中心的价值取向还表现在学习方式的变革中。教师不再是课堂的权威和统治者，而是与学生处于平等地位的活动组织者和引领者。现代社会教学资源的日益丰富和普及使学生独立或与他人合作来获取知识、发现问题、提出见解成为可能。而且心理学的动机理论、语文学科的模糊性和多义性都使得这种变化成为一种必然。

7. 从单纯的听说读写到三维目标的确立

与全人教育的理念出相比，传统的语文能力的要求暴露了它的培养目标的片面性。知识与能力是一个显性的维度，过程与方法、情感态度与价值观是两个相对隐性的维度。知识与能力侧重工具性，情感态度与价值观侧重于人文性，二者都体现在过程与方法之中。三维目标又统一于语文素养，落实于全体学生，体现了语文学科价值取向的开放性和完整性。

8. 从重视语文知识到重视语文能力再到关注语文素养

语文素养的提出不但彰显了语文学科价值取向的全面性和完整性，与语文知识、语文能力相比，更加突出了动态形成特性，即过程性，而不是确定不变的静态的结果。作为一种素养，它可以贯穿一生，不断涵养。相对于学习个体来说，它不是一种记忆的负担、训练的项目，而是一种自身的内在需求和储备。这是语文学科的人本取向。

（二）对语文学科课程标准和价值取向的分析和预期

语文学科内部各要素的不断发展变化和价值取向的不断调整，常常使一些语文教师感到无所适从。这主要是因为他们没有意识到语文是一个复杂的综合体，它的内部组成要素远比其他学科复杂得多，丰富得多。因此在不同的发展阶段，各要素之间会有一种由对立到统一的不断协调过程，只有综合把握语文内部各要素的整体情况，结合时代要求和社会背景才能予以把握。从上面的梳理和总结不难看出，在未来的一段时期内，语文学科的内在构成要求语文教学继续强化人文性，突出学生本位，增强开放性和过程性。因此，未来的课程标准会将落实上述要求的具体内容更加细化和实化，并且走向有强烈人文意识的工具性。而在变与不变的过程中，有以下规律可供把握：

（1）语文是表情达意的工具，它的基本形式必须被尽可能多的人熟悉和掌握；

（2）语文是人类心灵的符号性外显，它可以为政治服务，实现道德教化等作用，但这不是语文学科的本质属性；

（3）语言和文学也许不是语文学科内涵的全部，但它一定是语文学科的双臂，两者相互依存，互相滋养；

（4）语文教学的主体是学生，只有充分开发了学生语言天赋，关注学生精神世界，实现了人格和能力双重提升的教学才是有生命力的语文教学。

总之，在进行语文教学的过程中，教师应该综合把握各个组成要素的合理组合趋势，以学生的健康和谐发展为旨归，充分调动各种资源和可能，依据语文教学的价值取向，安排合理的教学内容，采用合理的教学方式，真正实现语文学科教学应有的价值和意义。

注释：

1. 温小军. 语文学科教学研究的基点转向——从学科性质研究到学科价值取向研究. 语文学习, 2008年第9期。

2. 该分期依据陈黎明、林化君在参考文献 [1] 中的划分。

参考文献：

[1] 陈黎明, 林化君. 二十世纪中国语文教学 [M]. 青岛: 青岛海洋大学出版社, 2002.

[2] 李杏保, 顾黄初. 中国现代语文教育史 [M]. 四川: 四川教育出版社, 2000.

[3] 课程教材研究所. 20世纪中国中小学课程标准·教学大纲汇编 [Z]. 北京: 人民教育出版社, 2000.

[4] 郑国民. 当代语文教育论争 [M]. 广东: 广东教育出版社, 2006.

[5] 郑国民. 从文言文教学到白话文教学——我国近现代语文教育的变革历程 [M]. 北京: 北京师范大学出版社, 2000.

诗歌教学中的意象与意境

意象和意境是诗歌鉴赏和诗歌教学中常用的术语,但是让学生真正理解并正确使用相关术语,还是很困难的。本文意在探讨二者的区别和联系,结合教学中常见的意象,提出"象是境的依托和组成部分,象是相对独立的个体,境是虚化、无限的审美感受和想象空间""象的选取来源于生活感受和文化背景,境的创设和感悟取决于个人气质和修养经历"等观点。在区别与辨析中体会二者的本质。

【摘　要】意象和意境是诗歌教学和诗歌鉴赏的重点,两者既有区别又有联系。"境生象外",象是境的依托和组成部分。象是相对独立的个体,境是虚化、无限的审美感受和想象空间。象的选取来源于生活感受和文化背景,境的创设和感悟取决于个人气质和修养经历。

【关键词】意象;意境;区别;联系

诗人写诗,评论家评诗,往往要谈到诗的意象和意境,而语文课堂的诗歌鉴赏或相关检测最终也归到品味意象、感受意境上。那么,意象和意境在诗歌教学中的内涵究竟是什么?它们之间有怎样的联系和区别?如何把握和理解常见的意象和意境?

一、意象

象,即形象,是客观事物的外在表现;意,是情意,是诗人的主观思想和感受。意象,就是被人的主观世界感情化了的物象。这是中国首创的一个审美范畴。最早出自《周易·系辞》:

127

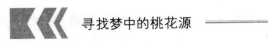
子曰：书不尽言，言不尽意。然则圣人之意，其不可见乎？子曰：圣人立象以尽意。

在现代意义上，广义的意象有四种：一是心理意象，即心理学意义上的意象，它是指在知觉的基础上所形成的呈现于脑际的感性形象。二是内心意象，即人类为实现某种目的而构想的、新生的、超前的意向性设计图像。例如在文学创作过程中的艺术构思，落笔之前的"胸中之竹"。三是泛化意象，是文艺作品中出现的一切艺术形象或语象的泛称，大体相当于艺术形象或文学形象。四是观念意象及其高级形态的审美意象。这个概念最接近诗歌中的意象，但范围显然比它大，因为它涵盖了文学、音乐、雕塑等多种艺术形式中的情感与形象。

由此可见，意象的古意是表意之象，即用来表达某种抽象的观念和哲理的艺术形象。诗歌的目的是抒情和言志，因此在后世的文学发展中，意象更侧重于用来传达某种思想感情。它是某种具体的情感和具有与此种情感相符合的外在特征的物象的总和。因此，它具有两重性：外在的表现为具体可感、有某种特征的物象，内在的传达出特定的情感和情绪。例如："寒雨连江夜入吴，平明送客楚山孤"一句，"雨"和"山"是两个具体可感的物象，单独看来，并没有特别的意义，但"寒"和"孤"的搭配使"雨"和"山"有了独特的意义和特点，使人感到：这里的雨，不是贵如油的春雨；这里的山，也不是雄伟傲岸的山脉。它们好像特别了解诗人与友人分别在即的惋惜与痛苦，因此用凄冷和孤独为其代言和象征。于是惜别之情油然而生，寒雨、孤山就成为一组表达凄清、孤独和惜别的意象。古代诗歌注重意象的作用，现代诗歌也如此。如《雨巷》中的丁香，虽然它在诗句中作为定语出现——"丁香一样的颜色，丁香一样的芬芳，丁香一样的忧愁""丁香一样结着愁怨的姑娘"，但是丁香花自身的特点和它在历代文章中的含义使它成为一种素雅、纯洁、幽愁、哀怨的象征。因此，也可以作为一个潜在的意象。

从心理学的角度看，意象的生成，是诗人在主观思想的影响下，对表象加以形象思维和抽象思维的双重加工，加以联想和想象，使表象从映像性表征变成符号性表征的过程。表象，是指人们头脑中形成的与现实世界的情境相类似的心理图像，是对事物的物理特征作出连续保留的一种形式，也是人们保存情境信息与形象信息的重要方式。而读者体会和把握意象，则是根据生活经验、诗歌背景等信息，由符号表征的能找到其所指的过程。有鉴于此，在诗歌教学中，我们可以走两条路径：一是泛泛地找出诗歌中所有的物象，从中筛选出富含作者感情色彩的，作为意象；二是先根据语感或其他背景信息把握诗歌的感情基调，再根据这个基调去寻找意象。

二、诗歌中常见的几种意象

1. 月

从儿时背诵的"床前明月光"开始，月就与思乡有了不解之缘。"但愿人长久，千里共婵娟"并不用月字，思亲之意含蓄隽永。"明月夜，短松冈""缺月挂疏桐，漏断人初静"中月又成了凄凉、怅惘的外现。月的意象，往往由它的圆缺变化，引申出人的欢聚与别离。

2. 水

水的意象含义也因情因景而各不相同。"大江东去，浪淘尽"是怎样的英雄气概，"乱石穿空，惊涛拍岸"更是大气磅礴。"日出江花红胜火，春来江水绿如蓝"表达出欢快、向上的情绪。"问君能有几多愁，恰似一江春水向东流"则忧思难抑。"桃花潭水深千尺，不及汪伦送我情"却是用水之深比情之至。水的意象，取决于它的流动和状态，可能欢欣，也可能忧郁。特别是它的连绵不断，经常作为忧思愁绪的象征。

3. 雪

雪的晶莹、冷清、净洁也使它得到诗人的偏爱。"忽如一夜春风来，千树万树梨花开"烘托了大漠的寒冷，"孤舟蓑笠翁，独钓寒江雪"展现了诗人的凄苦和孤独，"山舞银蛇，原驰蜡象"则展示了一种雪封之下的生命活力和诗人的豪情。

4. 梅

作为岁寒三友，梅在诗人笔下也有独特的含义。"零落成泥碾作尘，只有香如故"表达了诗人宁折不弯的圣洁之志，"不要人夸颜色好，只留清气满乾坤"表达了对正义、美好的追求，"已是悬崖百丈冰，犹有花枝俏"则表现了高昂的斗志和乐观

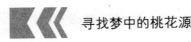

的精神。

5. 柳

柳是送别之情的绝好寄托。"此夜曲中闻折柳,何人不起故园情""羌笛何须怨杨柳,春风不度玉门关""今宵酒醒何处,杨柳岸,晓风残月",依依柔柳,为惜别之情做了最好的诠释。

6. 杜鹃

今天称作布谷鸟,古时又叫做子规。"潇潇暮雨子规啼""杜鹃啼血猿哀鸣""望帝春心托杜鹃",它的叫声及关于它的传说使得它有一种神秘的、忧郁的、凄惨的特性。所以杜鹃的出现,往往预示了诗歌的整体氛围和基调。

此外,对于一首特定的诗歌,意象有时不止一个。如杜甫的《登高》,每一句中都有多个意象,接踵而至,显示出一种紧密复杂的组合。象虽各异,但意却和谐、统一。现代诗歌中意象的取材范围更广,油纸伞、橡树、浮藻青荇、黄鹂、麦地……

情之所至,万事万物皆可成为意象,所谓"一枝一叶总关情"。外国诗歌也同样如此。

三、意境

意境也是我国古典文论独创的概念。它是主观情意和客观景物交融所形成的艺术效果。这一术语最早出自王昌龄的《诗格》:

诗有三境。一曰物镜:欲为山水诗,则张泉石云峰之境,极丽绝秀者,神之于心,处身于境,视境于心,莹然掌中,然后用思,了然境象,故得形似。二曰情境:娱乐愁怨,皆张于意而处于身,然后驰思,深得其情。三曰意境:亦张之于意而思之于心,则得其真矣。

由此可见,意境包含三个因素,即景、情和审美想象的空间。

它有三个特征,即情景交融,虚实相生,韵味无穷。它与意象的明显区别在于意境最终指向一个虚化的审美空间,一种难以言表的情感氛围,是物、人、景、情四者合一的审美想象和体验。意境的设立必须依托具体的物象。比如《天净沙·秋思》

的羁旅之情、空寥之感、凄苦之味，就是由"枯藤""老树""昏鸦"等一系列意象凝聚而成；《雨巷》的迷茫、彷徨、忧伤则落实于"油纸伞""丁香""颓圮的篱墙"；《再别康桥》的留恋和不舍是"云彩""星辉""金柳""笙箫"的共鸣。王国维曾把意境分为有我之境和无我之境。有我之境指的是情感比较直露，倾向比较鲜明的意境，如杜甫的《春望》。无我之境则相对含蓄，不动声色，如陶渊明的"采菊东篱下，悠然见南山"，王维的"明月松间照，清泉石上流"。意境是诗人情感通过诗歌作品而达到的思想、情感、空间、时间等多重延展，以至无穷。它是诗歌所描绘的客观图景和所表现的思想感情融合一致而形成的一种艺术境界。它依赖于作品的意象而产生，同时又超越于具体意象之外，是通过联想和想象才能达到的境界。如果说意象是一个个"点"的话，意境就是包含了点的"面"和"体"。

美学大师朱光潜曾说："诗是人生世相的返照。"他认为诗的可贵之处在于对人生世相有取舍，有剪裁，有生发，有创造，有作者性格和情绪的浸润和渗透。面对相同的事物或景象，不同人的感受往往不同，诗歌的意境是一种有个性的意境。古人说："夫置意作诗，即须宁心；目击其物，便以心击之，深穿其境。"可见意境是意与境的交融，是真实的景物与诗人主观世界相互作用并不断扩张和升华的结果。郭沫若认为，"诗=直觉+情调+想象=适当的文字"，那么诗歌的意境就应该是两等号中间的部分，是读者穿过"适当的文字"所要获得的一种意味和审美体验。

意境还可以按它的形成方式分为三类。第一类是缘景生情，由境入意。如崔颢的"晴川历历汉阳树，芳草萋萋鹦鹉洲。日暮乡关何处是，烟波江上使人愁"，眼前之景，自然而然地引发了思乡之愁。又如王安石的"京口瓜洲一水间，钟山只隔数重山。春风又绿江南岸，明月何时照我还"。第二类是移情入景，赋景以情。如杜甫的"感时花溅泪，恨别鸟惊心"，是"感"与"恨"的情感因素决定了花和鸟的表现。第三类是情景相生，物我交融。如张继的"月落乌啼霜满天，江枫渔火对愁眠。姑苏城外寒山寺，夜半钟声到客船"，凄冷的夜色引起诗人的愁绪，而诗人的愁绪又使他格外注意夜半的钟声。

四、意象与意境的区别与联系

1. 共性

意象也好，意境也罢，重在一个"意"字。正是诗人主观感情的介入，使得物和景都不再是单纯的客体，它们的存在被深深地打上了情感的烙印，成为主观世界和客观世界的交集。客观物体主观化、情感化了。虽然感情的承载对象不同，形成的艺术效果也有所差异，但它们都是作者和读者之间独特的情感桥梁，特别是意象，往往几个字或词就点出了整首诗的意蕴。相比之下，意境显得有些模糊、含蓄、不可言说。经验可以让我们如临其境，但它的准确含义却幽灵般不可捉摸。意象尽管相对客观真实，但它也有一定的多义性，耐人寻味。

2. 区别

意境的范围比较大，通常指整首诗、几句诗或一句诗所造成的境界，而意象只不过是构成诗歌意境的一些具体的细小的单位。象是具体的，境是综合的。境很难脱离象而单独存在。象的选取和生成往往取决于特定的文化背景和传统，既是一种形象思维，也是一种由表象到内在的抽象思维。境的创设和感悟则更多地依赖于作者和读者个人的胸襟抱负、个性气质、知识修养和人生经历。有人说象是在地面上看事物，看的是一个个具体的形象；境则是在高空中俯瞰，除了事物的具体形象，还有一片广阔的视觉空间。因此，境不是象的简单堆砌，而是象的组合和升华。也有人说意象是细微的水珠，意境是由水珠变成的浮云。浮云千姿百态，已不再是水珠的模样。即境生于象而超于象外。在诗歌教学中，一般可以从内涵、范围、获得方式、表达效果等角度把二者区分开来。

总之，意象与意境既有密切联系，又有细微区别。所谓区别，概括起来就是：在创作时，总是先有意象，后有意境；意象是手段和材料，意境是虚化了的艺术氛围，是作家追求的终极目标。二者互相支持、相得益彰、相辅相成。

参考文献:

[1] 童庆柄. 文学理论教程 [M]. 修订版. 北京: 高等教育出版社, 2004.

[2] 朱光潜. 诗论 [M]. 北京: 北京出版社, 2005.

[3] 俞陛云. 诗境浅说 [M]. 北京: 北京出版社, 2003.

[4] 袁行霈. 中国诗歌艺术研究 [M]. 北京: 北京大学出版社, 1996.

[5] 陈琦, 刘儒德. 当代教育心理学 [M]. 北京: 北京师范大学出版社, 2007.

第二编 随笔·感悟

我想看到你进步

"又扣分了",我郁闷地想,再看看被扣分学生的名字,我更是火冒三丈。昨天、前天早课前我就提醒过他,不要随意下座、串座,影响别人学习,今天我没在班,看来他又犯老毛病了,因此被减了分。

这孩子行为习惯不好,要改变他着实不易。从上高一开始,我对他的教育可说是一直没有间断。苦口婆心地劝,人家当作耳旁风;疾言厉色地训斥或处罚,人家也无所谓,家长在外地工作,只有爷爷奶奶在照顾他,想找家长也非常困难;交给安监办,似乎也还不足以开除。这个"活宝",我该拿他怎么办?

有的时候,我真的很想开除他。可是有时看到他也能安静学习一会儿,我又心软了,还是再试一试吧,我想。于是我把他叫到了办公室,没有训他,而是让他自己说说早课前的事,在他叙述的关键点上点他一下:"铃已经响了,是吗?""预备就是上课,你这个时候下座已经影响别人了。"他今天比较安静,没有像平时那样不自觉地做鬼脸、摆怪态。我于是深沉地看着他,指着月考成绩单,语重心长地说:"你要想进入这张表的左侧,总成绩还需要提高15分,如果这15分放在一个科目上,可能比较难,但均分在6个科目上,每科只需提高2.5分,你看你能不能?"

他眼睛亮了一下,仿佛受到了触动。我继续说下去:"你看似有几个好哥们、好兄弟,可为什么大家都不愿意和你一桌?因为大家都知道有好习惯才会有好成绩,也都想找学习习惯好的同学带动自己。我知道你渴望大家关注,但你想没想过怎样才能真正让别人尊重你?"

我一时激动,说了很多,从父母家人对他的关注,说到他已经改掉的很多毛病和取得的进步,从我看到的关于他的点点滴滴,到我对他的殷切期望。后来,他也说了很多自己的想法:"我想看到你进步。"我心里这样想,也总结似的把话说了出来,学生回班了,同事说我和学生的谈话很成功,很有感染力,我不知道这一次的谈话是否触及他的内心，我只知道要想改变他还需继续努力，我不知道自己能不能最终成功，我只知道我确实心里有那样一个强烈的愿望："我想看到你进步。"我会为此不断努力。

　　看到第四次月考成绩的时候，我特别吃惊。班级28名? 要知道他一直在班级40名以后"稳定"着。浪子回头金不换? 成绩有水分? 前者感觉太突然，后者又与他在最后一个考场的情况不太相符。不过，这段时间他每天到班都很早，上课、上自习时也都用心多了。不管怎样，他确实是进步了，也许我在一定程度上确实触碰了他的心灵，让他有了一种向上的意识，这或许就是教育学中的皮革马利翁效应吧。一把钥匙开一把锁，我想，我还要不断学习和研究，找到开启每一个学生心灵的钥匙。这并不容易，但我会不懈努力，因为我想看到他们的进步。

我的育人故事

——和学生一起成长

当新生班级公示板上把我的名字列于另外58个名字之前并命之为"班主任"的时候，我感受到一种发自内心的责任感和使命感，既紧张又兴奋。因为我知道，从此刻开始，我的教育教学之旅展开了新的一页，我将和这些此刻陌生、必将熟悉并长期相伴的孩子们同呼吸、共命运，共同成长了。

故事一：在风雨中

接待新生，很多学生都不敢相信看上去如此年轻稚嫩的我竟然是他们的班主任。我暗暗下决心：要用未来无数个日子的努力和付出让他们真正在心里承认我是他们的老大，而且还是个相当优秀的老大。——即使这可能意味着我要比其他班主任或其他新老师多付出许多许多，但我并不后悔。

其实，就性格来说，我是一个比较内向的人。也许我不是特别有表现力和领导才能，但是我会尽心尽力做好每一件事，完成每一项任务。我也希望我的学生们也能勤恳踏实，所以我为11班定下了这样的班训：一心一意，永不言弃。我要用这句话来激励学生们，同时也是在激励我自己——无论未来将要面对什么问题和困境，都不能退缩，不能放弃。

三天的军训——无论晨练、上午训练、下午训练，还是内务整理，无论烈日还是细雨，我都陪在孩子们身边。也许我可以坐在一旁休息，但是我选择和他们在一起，行动比语言更具有说服力，也许这是工作对我的第一次考验。其实我和这些高一的新生们一样对这个陌生的环境充满好奇，但尽快熟悉和了解一切是我们的必修课。

八月的阳光尽情展示着他的热情与力量，真的让人很容易感受到自己的疲惫与脆弱。我一边站在旁边观察着孩子们的训练，一边用心观察每一个学生，在心里默默记住他们的名字，也小心的揣摩一下每个人的性格。休息时间我会凑到他们中间闲聊，尽可能多地了解他们的情况和所思所想。我和学生们相处得很愉快，尽管每天晚上回到寝室时都感到很难受，主要是腿疼——看来，我也该回顾回顾当年军训的感受了。不过因为有爱在，有希望在，有梦想在，我觉得每一天都过得充实而值得。

最后一天是会操。但是一大早上天突然下起了暴雨。到了集合的时间，孩子们看着我，而我也看着教室外面的雨。因为没有接到计划变更的通知，我带着学生们来到了操场上。整队集合，我率先收起了雨伞——从小到大，我可能还第一次这么傻傻地站在大雨里，自觉而坚定。学生们见状也都收了伞，站好了队列。半分钟不到，我的身上就湿透了，然而我此时丝毫没有英雄感，而是充满了担心：学生们会不会感冒生病呢？他们才刚刚离开初中校园，充满稚气。而我忽然想起，自己在上初中时还因为想家而哭过鼻子呢——他们经受得起这暴风雨的洗礼吗？

但他们的表现让我对他们刮目相看。我从眼前的队列联想到了真正的军人的雄姿，联想到了保家卫国的铜墙铁壁。那一刻，我骄傲，这是一群有毅力、有志气的孩子；那一刻，我欣慰，这才是军训的真正意义——不避风雨，迎接彩虹。

尽管后来会操比赛到底取消了，没有人会注意到风雨中的这个细节，也没有人会因此给予我任何表扬和鼓励，可是我还是觉得自己做得对，教育工作就是要抓住身边的每一个细节，把握每一个教育契机，帮学生树立坚强的意志，培养高尚的情操。作为军训的结束课，我布置大家认真学习孟子的《生于忧患，死于安乐》，特别是其中的"故天将降大任于斯人也……"一段，就将这作为他们军训生活的尾声及新的学习生活的开端吧。

反思：虽然看似有点残忍，不过只要把握好度，就能收到好的教育效果，从根本上激发学生的潜能，引导正确的方向。

故事二：班长风波

我真的没想到，给我出难题的竟会是我信任的班长。

正副班长都是在军训期间通过自我推荐、相互推荐和民主选举的方式公开唱票产生的，在同学中很有威信。其实如果让我来指定的话，我看中的也正是这两名学生，"英雄所见略同"。两位班长也意气风发、信心满满，我以为班级工作会顺利开展下去。

然而好景不长，波澜陡起。有一天，正班长忽然提出要辞职。我想，开学初事务繁多，可谓千头万绪，学生相互之间又不是很熟悉，班长工作的难度可能真的很大，所以他才要辞职吧。我利用班会课的时间公开讨论了这件事，学生们发表了各自的看法，90%以上的人挽留他，甚至还有很多同学课下跑去开导他、鼓励他、安慰他，我给了他三天思考加休整的机会，班级工作先由副班长担着。三天后他选择了坚持。

但我没想到更大的风暴还在后面。不久后他就二次提出了辞职。我真不知道这个当初信誓旦旦、看起来聪明而坚毅的孩子会再次给我出难题。我生气了，无心也无力挽留，于是全班又一次全民选举，产生了一个新班长。

但是问题并不是这么简单。新班长在候选人中票数最多，但仍不过半数，这说明他在号召力和凝聚力上还不够。与此同时，全校秋季运动会即将召开，没有一个强有力的正班长的组织带动，恐怕不行。更严重的是，新班长与原班长是好朋友，他不愿意伤害同学间的友情，充满了顾虑。而他又是走读生，在班级管理特别是住宿生管理上的确很不方便，我于是陷入了沉思。

我首先私下里找不同类型的学生谈话，了解他们对班长行为的看法及态度。其实大家还是很信服原来的班长，只是都不知道他为什么如此冲动。其次我回顾此前的班级工作和班长的表现，包括他近期的情绪状态，认为他其实非常负责，也具有管理经验和能力，只是性格冲动，在困难面前有顾虑、有畏惮，而且自己也处于徘徊状态，并不是坚定地要辞职不干。摸清情况之后，我立即有了新的决定：不能放弃任何一个学生，也不能让他自我放弃，要给班干部磨炼和成长的机会。所以新人选增设为副班长（即一正两副），不同意班长辞职，并以班主任的身份留住了他，迫使他继续担任班长。

反思：我不知道自己的做法是不是也有些冲动，但从后来的事情上看，三位班长配合得还比较默契，班级工作开展比较顺利。当然也有很多小的问题，但是对当初的决定我还是不后悔。

故事三：自我反思

很多人都会反思自己的教育教学工作，但是把自己的反思（更确切地说是自责）贴在班级的墙壁上，我可能还是第一个。

那几天班里自习课纪律不好，反复强调过学校的自习纪律要求，就是不见效果。说理不成，只好勤去班级转转。可是心慈手软的我看来对他们没什么威慑力，其实这某种程度上也在我的预料之中——我很少发脾气，更不会"骂"学生，这样当班主任我自己都觉得缺乏管理力度。那天尽管我在班，但班级纪律并不好，还被减了分，我心里别提多难受了。既生气，气学生不能听话，安静上好自习，又自责，怪自己无力管理好班级纪律。我就是在这样复杂的心情下写下了那篇《关于自习课课堂纪律管理的反思》，趁着课代表来送作业的机会交给学生，让他们贴在班级醒目的位置上。两位课代表很听话，果真把这张粉红色的反思贴在了黑板的左侧，第二天上课的时候，我清楚地看到了它。其实我并没指望这张纸对别人起什么作用，我只是想用它来提醒、鞭策自己。不知道学生们是不是认真地看了这篇文章，或许是某些文字感动了他们吧，从那以后自习课纪律好了很多。

反思：我并不认为这是一个成功的做法，事实上班级纪律的管理还是要有强有力的措施做保证，但这一过程确实增进了师生间的理解和沟通，为后来的管理工作做了有效的铺垫。

故事四：随笔交流

我很早就注意与学生之间的文字交流，特别是在批改随笔的过程中，孩子们往往会倾吐他们的心声，发表他们对很多事情的看法，而这些是他们平时生活中不愿或羞于表达出来的。所以我会认真阅读学生的随笔，不仅仅从语文教学的角度，更多的是一种鼓励、开导、疏通和解惑释疑。所以有学生说："以前最不愿意写随笔之类的东西了，写了也没人看。但是现在经常盼着课代表收随笔，盼望看到老师的'评语'。"我自己也第一次深切地感受到：文字交流的效果并不比口头语言交流的效果差，有时还更好，因为有充分的时间组织语言，并且能有针对性地分析、解决学生的问题与困惑。

反思：多听听学生的心声，也许不经意间就可以解开他们的心结。

故事五：不放弃任何一个学生

新学期开学的第一个晚自习，我就发现缺了一名学生。侧面了解一下，有可能是因为家里经济困难而不来上学了。应该说上学期期末时就有端倪，但是真的没想到竟会以这种方式——干脆不来体现。我有点失望，有点自责，有点无奈，更发自内心地为这个学生着急。考学未必是人生唯一的出路，但以她的成绩和状态，辍学实在可惜。我赶紧找到通讯簿，给家长打电话。但是很奇怪，很多次都没人接。学期初事情很多，但我始终没有放弃。还好最后我终于联系上了家长，不然的话我就打算抽个休息日坐班车去家访。母亲带着孩子来到了我的办公室，但是孩子却说要把住宿的行李拿回去，然后跟姐姐去北京打工。一番艰苦的劝说似乎没有什么效果，其实我知道这个懂事的孩子是想帮单身的母亲分担家庭的重担。不记得那天说了多久，说了什么，只记得最后母亲哭了，也帮着我劝孩子留下来读书，而倔强的女孩仍然不肯，还哭着跑了出去。我和她的母亲追到了校门外。我知道，强留没有意义，读书的信心和勇气还要她自己建立并坚定下来，别人才能够帮得到她。于是我对她说："你

现在情绪很激动，很难作出正确的决定。你先跟母亲回去，三天后再来找我，我相信你会作出正确的选择。"她的母亲很担心孩子回到家后就跑去打工，不会再回来了，其实我也知道有这种可能，那样今天的努力就功亏一篑了。但是我还是相信孩子不会如此糊涂，她只不过一时无法从根本上改变对学习、打工、家庭、责任、未来等很多事情的看法。我做了母亲的思想工作，就目送她们离开了。所幸的是，三天后她真的回来找我，并且自此以后一直表现很好，学习更加刻苦，同时也没有留下任何生活方面的阴影。

反思：教师不是万能的，但是我们总可以尽自己的最大努力去帮助学生，引导学生，不放弃任何一个学生，也教会他们不能自我放弃。

在讲述故事的过程中我也回顾并反思了一年的教育教学工作，其中的点点滴滴，有苦也有乐。其实我很幸运，学生们大多数比较听话，对我的工作比较支持，也很理解我；我的同事，特别是很多有经验的班主任，总是在我困惑、迷茫的时候帮助我、鼓励我，帮我渡过一道道难关，破解教育教学的谜题。我要向他们表示崇高的敬意和真诚的感谢！我更要感激校领导的信任和支持，能够让刚走出校门的我担当班主任的重任，为我搭建了实现人生价值和教育理想的广阔舞台，我将一如既往，不懈努力，并以此来回报大家的理解、信任和支持，树立"自闭桃园称太古，欲栽大木柱长天"的教育理想，为学生的成长和成才作出自己最大的努力，为教育事业的繁荣贡献自己的微薄之力。

一蓑烟雨任平生

——读《班主任兵法》有感

【摘　要】教育是爱与智慧的交织。班主任工作平凡而又细致，如何才能抓住要害，事半功倍？读《班主任兵法》一书，回味两年多的班主任工作，感慨颇多。在教育过程中，爱是必需的，也是必要的，可是如果只有爱，而没有智慧、勇气、毅力和方法的话，师爱也就只会流于形式而归于平淡。班主任工作要变中有不变，忙碌而不盲目，不断求新而又时时、事事用心思考。

【关键词】变与不变；忙而不盲；新且有心

翻看着手中的教材，想着如何领着学生复习苏轼的词《定风波》。忽然一句话打动了我，心中一阵感慨，就用它作为本文的标题吧。

——题记

两年前我走出大学校门，来到宁城高级中学担任语文教师。感谢领导信任，任命我为高一11班班主任。当我看到自己的名字和五十几个孩子连在一起时，心里有一种说不清的幸福感和沉重感。我知道对于自己的能力来说，这是一个巨大的挑战。我如何才能通过自己的努力，让这些孩子在高中阶段有一个质的飞跃，从而为他们未来的人生奠基呢？我努力思考着，不懈努力着，也逐步成熟着。这个过程中，我经常请教的就是万玮老师的《班主任兵法》一书。

开始的时候，我特别奇怪：教育教学又不是沙场征战，怎么用得上兵法呢？是不是太过夸张了？还是故意起个新奇的名字吸引读者的眼球？不一定有实用价值吧。不过真的看进去，就会发现，里面讲的都是万老师在教育学生的过程中遇到的真实

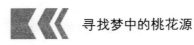

事例，是一个对教育痴迷的人在用自己独到的视角和亲身的体验深刻解读着教育，解读着师生的内心世界，因而有着一种独到的力量，朴实而睿智。我开始对他的教育故事着迷了，我更钦佩故事背后他深刻而理性的思考。通过后来自己的教育教学工作的亲身经历，我就更加体会到：教育工作虽不是血雨腥风的战场，但确实需要运筹帷幄决胜千里的智慧。兵法也是一种方法，它是一种有规律性、重实效的教育方法，是一条在大仁大爱之外，帮助我们分析、理解、教育、帮助学生并取得预期效果的有效途径。由于工作经验还相当欠缺，我仅从以下三个方面谈谈自己的体会。

变与不变

我首先想到了自己两年多来的变化。初登讲台的时候，内心更多的是激动、兴奋和无比的工作热情，还有对学生的无限呵护与关爱。那时的我可以说是一时一刻也不离开学生：从早操、早自习、晨读，到课前管理、正常上课、课间操，到下午自习、晚自习，几乎全天跟班，生怕自己不在的时候学生犯什么错误、出什么事。勤跟班是好的，但这样目不转睛地盯着，时间长了，一是自己的时间和精力不允许，毕竟还要备课、教研和处理其他事情，二是使自己的工作接近保姆的性质，没有任何智慧的含量和创造的快乐。读了《班主任兵法》中的《预篇》我才意识到：不仅教学工作需要精心备课，需要预设、准备，教育工作更是如此。与其等班级里出现了问题才去找学生谈话，想各种方法教育，不如多用些心思在观察学生动态的同时将一些问题在萌芽状态解决。例如每天下班后、睡觉前都想想第二天班级可能发生的事情，需要做哪些事、说哪些话，哪些需要在全班说，哪些需要个别谈，谈的时候采取什么方法、语气和态度。也就是"预"学生、"预"班级、"预"突发事件、"预"知识底蕴。现在我不像以前那样一刻不停地盯着学生了，但依然能在第一时间掌握班级和学生状况，作出较为及时和准确的处理，这要感谢《班主任兵法》的启发。在这个过程中，变化的是教育学生和处理问题的方法态度，不变的是我对学生的热爱和对教育工作的执著。

忙而不盲

有了前面的准备，就能做到忙碌而不盲目。班级管理工作千头万绪，如果事事等到学校布置才去传达和开展，就会感觉特别盲目，东一榔头西一棒子。可是如果自己内心有对班级情况和学生问题的细致了解和把握，效果就不同了，就会知道每一周、每一天、每一节课自己重点要解决的问题是什么，是主动去采取措施，而不是被学生或问题牵着鼻子走。哪些事情并不紧要，可以暂时放放，以便做好更多的事情；哪些事情要提前做好准备和铺垫，哪些学生的哪些问题和毛病可以放在某个最佳的机会加以解决；哪些事情要快刀斩乱麻，收到立竿见影的效果……这些想法和步骤装在心里，并对可能发生的情况加以设想和应对，那么，虽然每天依然忙碌却如同行军打仗心有全局，胸有成竹。何况教育是有指向性的，究竟想让学生发生怎样的变化，怎样才能使其发生预期的变化，这些问题心里清楚了，很多事情也就有把握了，教育的智慧及乐趣也就体现在这里。

新且有心

凡战者，以正合，以奇胜。以正合就是做好常规工作，比如建立班级的规章制度，通过作息制度、日常管理、班干部工作对学生产生相对稳定而又潜移默化的影响。充分发挥自身作用，该表扬的表扬，该批评的批评，赏罚分明，张弛有度。善于做学生的思想工作，不是一味地批评，而是善于讲故事、讲道理，以理服人。及时把握充分利用学生的情感变化，同时能够不断调整自己的情感，使学生产生情感的共鸣。在这些工作的基础上，还要以奇胜。新奇的方法其实总是建立在常规方法上的思考和创新。千篇一律会使人掌握规律且产生厌烦，新方法、新手段和新形式有时可以收到意想不到的效果。但不管怎样，奇总是建立在正的基础上，新与旧只是形式的变化，而内在的神韵却总是不变的，那就是对教育教学工作的不断求索。虽然在这个过程中需要风雨兼程，也可能会伤痕累累，经过无数次的摸爬滚打，但有了发自内心的方向和力量，有了领导的信任、同事的支持、兵法的指导，就能无所畏惧，所向披靡，像苏轼那样"一蓑烟雨任平生"。

"路漫漫其修远兮，吾将上下而求索。"我希望在今后的工作中，能够通过不断地学习和努力使自己的工作能力有所提高，在实践中不断成熟和成长。

参考文献：

[1]万玮.班主任兵法[M].修订版.上海：华东师范大学出版社，2009.

[2]陈晓华.班主任突围[M].上海：华东师范大学出版社，2010.

[3]石中英.教育哲学导论[M].北京：北京师范大学出版社，2006.

[4][苏]B.A.苏霍姆林斯基.给教师的建议[M].北京：教育科学出版社，1984.

浅谈情感教育与中学教学实践

【摘　要】由于人本主义心理学者的倡导,现代教育不仅仅关注知识的系统学习和各种技能的培养,而且将视野投向学习者的情感世界,注重学习者在学习过程中的情感和体验,建立知情合一的教学目标观和以学生为中心的教学观,提倡有意义的学习,从而实现教育效果的最优化和人的完整、和谐发展,塑造身心全面发展和善于适应变化知道如何学习的人。而这一过程必须与中学教学实践结合起来才有实际意义,帮助中学生体验美好的情感,建立积极向上的人生观。

【关键词】情感;教育;教学实践

一、情感教育的提出及其理论基础

20世纪60—70年代继行为主义和精神分析学派之后,马斯洛和罗杰斯等心理学家提出了人本主义心理学。他们反对行为主义机械的环境论,也反对精神分析本能的生物决定论,强调心理学应该研究人的本性和潜能、尊严和价值,强调社会文化应该促进人的潜能的发挥及普遍的自我实现。在教育上,提出了全人教育和情感教育,认为教育应为学习者创造一个良好的环境(既是信息资源上的也是心理氛围上的),让学习者从自己的角度感知世界,发展出对世界的理解,达到自我实现的最高境界。情感和认知是人类精神世界中两个不可分割的有机组成部分,彼此是融为一体的。因此,教育应当培养躯体、心智和情感全面提升,既用情感的方式也用认知的方式行事的情知合一的人,即德才兼备的人。这样,人类才不会成为知识的奴隶,成为只会学习的工具,而是在各种变化和情境面前,能够适应变化和知道如何学习。但是,情感教育并不是完全独立于知识教育之外的过程,而是渗透和贯穿于知识教育和课堂教学之中。情感教育是阳光、食物、水,它使学习者的自我潜能得以发芽和成长，在掌握知识和技能的同时，不至于心灵干枯甚至丧失自我。从社会和人类发展的眼光来看，我们不仅要培养医术精湛的大夫，更需要培养救死扶伤心系病患的悲悯情怀；不仅需要培养企业人才和科技精英，更需要培养关心他人奉献社会的博爱精神。前者，能让我们享受高品位的物质生活，后者，则让我们有安定的环境和美好的心情去感受前者。中学阶段正是人生发展的关键时期，是一个人人生观和世界观正在形成的时期，因此也是情感教育的最佳时期。

二、情感教育的缺失与当代教育问题

当校园生活中失去了爱的感染，发自内心的关注和宽容和谐的气氛时，当人们对教育的理解和期望只限于知识与技能的获得和升学考试的分数，当教育过程成为获取功利的手段时，各种问题便暴露出来。过重的学习负担和竞争压力使学生心理问题的发生率高了，师生矛盾、生生矛盾也增加了。本应天真无邪纯真活泼的孩子们却对学习喜爱不起来，同学之间也仿佛有一道无形的墙，把他们按照成绩的高低隔离开了，心灵上过早地学会了猜疑和戒备。身在其中的学生们习以为常，教育者和管理者们也视而不见，因为这些在考试分数、在教育评价中是反映不出来的。直到一些悲剧的发生，如马加爵事件等，学生的心理健康和情感培养问题才稍稍得到重视。大学生的心理问题很大程度上是他们以往情感问题的积累和宣泄。如果一个人心中有爱，能够得到并感受别人的关爱，能够给予并欣喜于付出爱，那么他是不会走上犯罪道路的。教育应该承担起教会学生如何去爱的责任。如果孩子们在学校里就学会了只关注自己，而忽略他人，很难想象他们走出校园后能自然而然地关心他人，同情弱者，很难想象未来社会能温馨和谐，能"老吾老以及人之老，幼吾幼以及人之幼"。看起来我们可以把情感教育叫做道德教育，然而不是的。德育中有很强的情感成分，没有情感的投入，德育只是一个空洞的躯壳，没有任何意义。情感教育则包含学习兴趣的调动，学生内心世界的建构等多方面内容。拿破仑曾是一个调皮爱惹事的孩子，他的父亲向别人介绍说："这是希尔兄弟中最坏的一个。"而拿破仑的继母却说："他看起来是孩子们中最伶俐的一个。"从继母的话中小拿破仑看到了自信和希望，并最终成为一个了不起的将军，这不能不归功于母亲对孩子真诚的爱和希望，这就是一种情感教育。另一位智慧的母亲对被幼儿园老师称为"患有多动症的孩子"说："老师说你今天表现很好，如果能坐稳些就更好了。"当孩子被认为很难考上重点高中时告诉他："老师说你这学期很努力，进步很大，很有可能进重点。"在母亲一路的安慰和鼓励下，这个孩子走进了清华大学的校门。这也是情感教育的一个生动的例子。两个故事都告诉我们，积极的情感鼓励可以改变孩子的一生。要想收获好的庄稼，只撒种、浇水是不够的，必须先翻地锄土，让种子有良好的生存环境，教育也一样，在教授各种知识和技艺使之成才前，先要给孩子信念和希望、宽容和鼓励，这样我们的教育才不会被功利所包围和驱动。所以，当代教育中的功利性问题，学生在学习中的主体性问题，创造性思维的培养问题，都涉及师生互动中的情感渗透问题。新的课程标准把情感、态度和价值观作为教学目标的考察维度之一，就是考虑到了以人为本的教育的完整性，力图克服传统的教学理念的片面性。

三、情感教育在中学教学中的实践

情感教育是教育的重要组成部分，要求教师自身有较高的人文素养，在教育教学过程中积极有效地进行情感投入，这并不是要在课堂上满腔激情地喊情感教育和关爱学生的口号，而是在教学的一点一滴的过程中关注学生方方面面的成长，不仅学高为师，更应行高为范。言传身教，润物无声。当然在具体操作过程中，因每个教师个人性格和教学风格的差异而不尽相同。注重情感教育也不是要放弃对学生的严格要求，相反的，"亲其师则信其道"，有了师生间的理解和沟通，学生才会尽更大的努力去达到和超越学习目标。许多优秀的教师都从研究学生的心理入手，运用各种教学技巧发现学生的优点，培养学生学习的兴趣，关照学生正在成长的心灵，为他们解开心结和困惑，真正担负起"传道、授业、解惑"的神圣使命。

下面我想通过自己的教育教学实践来谈谈自己的体会。

有一次我和学生们一起学习《光》这一章。第一节是光的直线传播。传统的讲法是复述书上的实验，提出光源的概念，总结出日食、月食、小孔成像、激光准直等实例，进而得出光在同一均匀介质中沿直线传播的结论。但这样的知识回顾，进行的次数多了，学生们就会丧失自主理解和探究的动力，而只进行机械记忆和重复。我忽然想起在一本辅助教材中看到的一个用光沿直线传播来解释飞蛾扑火现象的内容，原来太阳离地球非常遥远，太阳光近似为平行光，早期地球上并没有其他的光源，因此蛾在长期的进化中习惯了以此判断自己飞行的方向，即总是朝着与光线成同一角度的方向飞。而地球进化到今天，有了烛光、灯光等很多点光源，与光线成同一角度飞行的结果就是以螺旋渐近线进入光源的中心。我用这个问题引发大家的猜测和思考，并提示他们运用已有的知识。通过这样的尝试，唤醒孩子们的好奇心和求知欲，把他们从工具性的记忆和练习中解放出来，体会物理学习的初衷和根本目的——从现实生活中发现问题并进行有意义的探究和思考，从而得出科学的观点和解释。孩子们本不缺乏兴趣和潜能，只要教师有一颗善思善感的心灵和贴近学生生活的意识就能做到。因此情感教育体现在教学的任何一个环节中，包括教学灵感和教学机智。当教师把学生的思想、情感和体验放在自己的教学思考当中时，课堂教学就容易变得生动活泼，有人情味。

另一个让我印象很深的学生是一个上初三的男孩子，长得高高瘦瘦的，皮肤很白，气质很像韩国的电影明星。文静秀气的他不爱说话，也从不和别人在一起，用冰冷的外表保护着脆弱而敏感的内心。他的物理测试成绩是31分。我知道这样的成绩表明他对物理不感兴趣，而他平时的行为和表现则说明他性格敏感而内向，不愿主动和别人沟通，也轻易不会听取别人的教导。但这样的学生不能歧视，要想使他的成绩有实质性的提高，必须设法和他深入沟通，至少要知道他如此封闭自己的原因是什么。然而不能急，我先从认真讲好课做起，知识结构清晰，内容讲解到位，特别在提问等沟通环节注意自己的语气，让他清楚地感觉到我对他的想法、回答的尊重和肯定，使他逐步建立起自信。几次课过后，他在课堂上开始表现得不那么沉默了，甚至开一两个玩笑。但此时课外的他仍然不爱理人，对其他管理人员无端地发脾气。当时我刚好在《读者》上看到了一篇谈宽阔胸怀与宁静心境的好文章，就趁午休时间把文章放在他课桌上，希望对他的情绪控制有所帮助。渐渐地，他有了变化，对别人的态度好起来，课间也会和几个同学说说话。后来他主动向我谈起他的经历，如何在运动会上受伤，进而因病休学，然后迷恋网络等等。我知道他已经不再封闭自己，能够抛开那些消极的评价，开始重新认识自己了。这些在他的成绩上也可以看得出来。最后，在我的带动下，他开始频繁地出现在篮球场上和乒乓球桌前。在毕业考试时，成绩进步到70分。回顾这一段的教学工作，我知道自己额外付出很多，研究学生心理，采取各种措施，包括短信鼓励、观察、家访等等，但看到学生健康地成长，我真的觉得很欣慰、很值得。这才是我理想的教师生活，不仅为自己的专业知识找到了用武之地，更为自己的教育理念找到了方向和实证。

四、结语

总之，在教育教学过程中，加入适当的情感因素，积极建立与学生之间的良好沟通和情感纽带，对培养学生的学习兴趣，培养健康向上的人格，更好地发挥学生各个方面的潜能，实现全面和谐发展有重要意义。当然，情感教育绝不是对学生无原则地宽容和爱护，更不是因此对学生采取放任态度，一切顺其自然。这两者在根本上是不同的，前者是建立在深刻、无私而又理智的师爱之上，后者则是对学生的不负责任，更谈不上对学生理性的呵护。让教育告别时代的功利和喧嚣，回归最本真的师生之爱，这顺应了时代的进步和社会发展的内在要求，是教育发展的必由之路。

参考文献：

[1]陈琦，刘儒德. 当代教育心理学[M]. 北京：北京师范大学出版社，2007.

[2]余文森，吴刚平，刘良华. 解读教与学的意义[M]. 上海：华东师范大学出版社，2005.

[3] 王三阳. 做幸福的教师 [M]. 南京: 江苏教育出版社. 2007.

[4] 吕朝爽. 性情教育 [M]. 兰州: 甘肃文化出版社, 2004.

[5] 沈德立. 非智力因素的理论与实践 [M]. 北京: 教育科学出版社, 1997.

春风化雨润无声

——谈语文教师如何培养学生的意志力

一、新的问题

课题结束后，我仍然对意志力培养的问题十分关注。之前我运用情感激励法、活动锻炼法和自我教育等方法，用个体辅导追踪的方式对9班的两名学生进行了研究，效果非常好，两名学生的意志力水平明显提升，学生进步很快。但是，这只是个体研究的方法和成果，如果想要使更多学生的意志力水平明显提升，学习成绩显著提高，以前的方法还会有效吗？而且，全面推广的效率又会怎样呢？

二、思考与对策

带着这些问题，我展开了更深入的思考。首先，我认为个体辅导与追踪这种方式对全体学生来说，工作量较大，效率较低，因为我无法全面细致地掌握所有学生的背景、经历和每一天的心理状态，每天找学生谈话，并长期给每个学生写追踪日记。人的精力有限，盲目求量质可能会下降。所以在成果运用与推广的过程中，我没有机械地照搬以往的做法，而是结合教学实际进行了一些调整和补充，现将对策与成果总结如下：

1. 个体追踪式辅导依然有效。

火车跑得快，全靠车头带。班级整体的学风形成，学生整体的意志力水平提升其实都需要一些榜样和标杆。结合任教高三和两个班级的实际情况，我选择了600分边缘生、一本边缘生、二本边缘生作为个体辅导的对象，每次考试（周测、月考、摸底、统考等)前后必谈话,每周必做辅导记录。辅导的内容既包括对语文知识、技能、解题技巧的点拨,更关注学生在语文学习过程中意志力水平的变化,如自控力、自信心、目标性、抗挫折能力等情况。

效果:所辅导的重点生、边缘生精神状态一直积极饱满,即使遇到挫折也能积极、正确地面对,越挫越勇,越战越勇,而且成绩普遍进步,有些二本边缘生实际已进入一本边缘水平,而600分边缘生有的还考入了年组前10名,这一切都说明个体辅导、长期追踪在成果运用与推广过程中依然十分有效,更重要的是整个班级的学习状态,语文成绩和意志力水平也在他们的影响和带动下明显改善与提升。两个班的语文成绩平均分排名进步非常明显。

2. 除了点的关注,即个体的追踪,还必须有面的关照,即班级整体氛围的营造。在这方面,语文老师这个角色是有些优势的。紧张学习之余,学生情绪普遍倦怠,意志力水平明显下降的时候,我会利用自习时间给学生播放《感动中国》《开讲啦》《我是演说家》等栏目视频来解决学生思想上的困惑,激励学生克服困难,明确目标,树立信心。

再如利用"百日冲刺誓师大会"的机会激发学生整体的精神动力和学习潜力,让学生意志力水平对学生学习进步的作用最大化。

效果:名家的演说,道德模范的事迹,人生导师的指引,让学生的视野开阔了,精神境界提高了,面对困难的勇气增加了,意志力水平提升了。可见优秀的视频资料的运用可以使学生意志力水平受到潜移默化的影响,事半功倍。

3. 让每一个学生都成为研究者、体验者和引领者。因为学生意志力水平的提升不是虚无缥缈的空中楼阁,而是在语文学习中切实体现,所以我将这一过程的实现与学生的语文学习活动紧密结合起来,借助小组合作学习的有效机制,使每一个学生都真正成为学习的研究者,小组合作的体验者和意志力提升的引领者。具体做法在我的校本研究材料中已有详细阐述。

效果:经过这次探索和实践,学生的意志力水平有了明显提升,精神状态更加积极向上,学习动力更强,研究能力、合作能力和学习成绩都明显提升,而这些正源于每一个学生在学习、研究过程中意志力的提升。学习成绩与意志力水平的正相关性已在课题研究中得到证实。

三、新的收获

经过课题研究成果的总结、推广和运用,其实我找到了另外一个问题的答案,那就是语文教师在学生意志力水平提升方面究竟可以做哪些具体工作,发挥哪些作用。

举几个简单的例子,我可以用自己的演讲、自己写的文章对学生进行情感激励,可以组织丰富多彩的语文活动来影响学生的人生观、世界观、价值观,进而提升学生的意志力水平。可以通过挖掘教材教辅等课程资源,对学生进行积极影响,如诗歌可以怡情,可以调整学生的心理状态;人物传记可以成为学生的指路明灯,成功人物的经历是意志力作用的最好体现。总而言之,语文教师结合自己的特点和课程资源的优势,可以对学生意志力水平产生巨大影响。

如何上好德育课

【摘　要】为了切实做好学生的思想教育工作，积极引导和启发学生，培养良好的道德情操，从这个学期开始，我们将以往的班会课改为德育课。如何上好德育课，这对所有班主任来说都是一个崭新的课题。结合本学期的教学实践，谈谈自己对这个问题的看法。

【关键词】德育课；主题；实践；内容；方法

一、上好德育课的教育意义

我认为，要想上好德育课，首先要从思想上真正认识到德育课的教育意义。道德，是人们对自己所处的社会关系的一种自觉意识，是依靠社会舆论和内在信念的力量实现人与人之间相互关系的行为规范、准则。较为全面地、准确地说应是"思想道德教育"，简称德育。孔子说思想上懂得"道"，而在行动上按"道"去做，这就是"德"。有德之人，必是懂道之人，是行得正、走得直的人。长期以来，德才相对，谓之德才兼备，说明"德"包括了思想与道德；现代教育方针，谓之德、智、体等全面发展，同样说明"德"包括了思想与道德。德育是学校教育的重要组成部分。对于高中生来说，课程一下子增多了，视野进一步开阔了，他们有更多的接触社会现实的可能，同时他们的逻辑思维能力日渐增强，对很多问题愿意问个"为什么"，这样，他们就进入了思想困惑的高峰期。所以，从某种意义上说，上好德育课对高中生来说至关重要。这关系到他们将来如何融入社会、看待社会，能否成为合格的公民和建设者。

二、德育课与班会课的区别

虽然时间相同，但是德育课与班会课的差别是显而易见的。班会课重在解决班级近期存在的问题，有较大的灵活性、随机性和针对性；德育课则必须有相对有深刻教育意义和一定思想高度的有系统的主题群，并且一般需要充分的课前准备和组织。班会课大多是就事论事，德育课则是以事为背景，彰显的是预设的主题。其教育意义和功能自然也不可同日而语。所以在一学期的德育课之前，教师须有一个整体的考虑和设计，在课程进行当中又要根据班级和学生的具体情况，随时调整和完善。

三、德育课的主题和内容

在迈向21世纪之时，中国人应该有什么样的风格，这个问题值得我们深思。李岚清同志在一次加强对青少年思想品质教育的座谈会上语重心长地说："我深深体会到，日本人一看就知道是日本人，韩国人一看就知道是韩国人，新加坡人一看就知道是新加坡人，但中国人就是看不出有中国人的特色，这是很大的危机。""看不出有中国人的特色"，就是指看不出能体现中华民族优良道德传统的气质。中华民族素以礼仪之邦、文明古国著称于世，但是，这些优良传统现在在一部分人身上已经消亡了，同时，体现国民素质的社会公德也有较大的滑坡，这不能不说是教育的一种悲哀，当然这不仅仅是学校教育的问题，但作为学校教育，德育要牢牢扎稳自己民族的根。每一个民族的教育都有它产生、成长的特殊条件和环境，在漫长的历史发展过程中形成自己的独特风格，这些独特风格不仅是该民族的标志，也是这一民族生存发展的必要依据，没有民族特色，也就没有民族的发展。中华民族是一个具有优良传统的民族，中华民族的传统美德，是千百年来我们先辈反复教育和严格管理的结果。今天的教育，不能脱离悠久的民族优良传统，离开了中华民族的优良传统，不仅会降低德育的实效，从长远说，也会使我们的民族失去支柱，是十分危险的。所以德育课的主题，应该紧紧抓住学生的现实生活，来宣传我们民族传统的或新兴的高尚的道德情操，既有历史的传承性，又有时代的创新性。

中华民族传统美德的内容十分丰富，教师应充分发掘这些因素，提高学生的认识水平。这些内容大致可归纳如下：

1. 忠心报国，勇赴国难。这一美德的行为表现是把民族和国家利益放在至高无上的地位，其深刻的社会责任意识是中华民族性格的一个重要特征。

2. 国而忘家，公而忘私。这一美德的本质是把"天下为公"作为崇高的理想人格。如教材中的大禹治水，范仲淹主张"先天下之忧而忧，后天下之乐而乐"，中国共产党人坚持"完全彻底为人民服务"等。

3. 勤劳俭朴，艰苦奋斗。中华民族向来以勤劳勇敢、吃苦耐劳、富于创造力而著称于世。李春建赵州桥，黄道婆改进、推广先进的棉纺织技术，都是这一美德的杰出代表。

4. 不畏强暴，自强不息。这是中华民族独立意识、自我意识和自觉能动性的鲜明标志。在历史教材中，具备这种美德的也不乏其人。如越王勾践卧薪尝胆；徐悲鸿公开表示"人不可有傲气，但不可无傲骨"，决不趋炎附势；中国共产党人在大革命失败后的白色恐怖中"从地下爬起来，揩干净身上的血，掩埋好同伴的尸体，又继续战斗了"。这种精神正是中华民族历尽艰难并不断走向强盛的巨大动力。

历史固然是一面明镜，现实中又何乏光辉的榜样。《感动中国》年度道德人物评选就为我们提供了很好的教学资源。经典传递力量，爱心处处张扬。从科学家到普通的农民，各行各业都涌现出了闪耀着高尚道德情操的代表，他们是时代精神的唱响者和先行者。

四、上好德育课的方法和实践

传统的教育理念中，教师是主体，"师者，传道、授业、解惑也"。在思想道德教育的活动过程中，教师作为活动的承担者、发动者和实施者，具有主动性、主导性和超越性，学生作为受教育的对象，是教育的接受者，受教师的主导、支配和调控，处于从属的地位。因此，课堂教学以教师和课堂为中心的单向灌输的课程设计，忽视双向交流启迪，教师更多地考虑学科的系统性、理论性和完整性，忽视学生的需要，出现教师上课精彩，学生就是不愿听课的现象就不足为奇。或是教师将自己摆在一种至高无上的位置，进行填鸭式、满堂灌的教学，希望学生处于一种绝对服从的状态，我说你听，我讲你服。21世纪的青年学生，出生、成长在中国改革开放的年代，社会改革、体制转变、开放中多种文化的交融，都对这一代青年产生深刻的影响，使得青年学生选择性增强，思想呈现多元性、复杂性，甚至"叛逆"性。正如田景博在《当代大学生文化分析》一文中表述的："第一，以集体主义为核心的道德价值观开始向以个人为中心的价值转变，以实现自我价值为中心，进行自我设计，彻底摒弃过去'系统驯服论'的价值观。第二，逐渐远离重义轻利的传统，重视自己的物质利益。第三，政治意识逐渐淡薄，自我设计日益凸显。第四，大学生日益以自己的感觉为价值标准。"教育的对象发生这么大的变化，如果教育者还是抱着传统的教育理念，固守传统的教育手段，那么教育效果必将大打折扣。要使育人的任务落到实处，就需要高校的德育教师积极转变教育思想观念，顺应时代的要求。所以，有了好的主题和内容还远远不够，必须有多样的方法和大量的实践。

这一点我们向历史教师学习和借鉴。

1. 对比法。一是中外对比，如讲世界四大文明古国时，指出中国在两三千年前就同世界其他地区人民一样创造了古代文化，使学生认识中国历史源远流长，文化辉煌灿烂等。二是古今对比，如讲到封建社会农民对国家的负担有田租、徭役、兵役等项，即使是"盛世治世"也不能幸免。三是正反对比，我国古代史上有爱国爱民、舍生取义的英雄，也有卖国求荣、认贼作父的败类；有戎马倥偬、艰苦创业的开国之主，也有养尊处优、昏庸荒淫的亡国之君。以此来培养学生的爱憎分明的道德感。

2. 课外配合法。具体做法是：组织学生课外兴趣小组，定期活动，有计划有选择地介绍一些历史小丛书、参考书中的有关章节给学生阅读；或组织历史故事会，让学生看了书后讲历史故事；课内是基础，课外是补充，而不能本末倒置、主辅易位。

3. 联系引申法。一是因事因地联系，如讲汉与西域的关系时，联系班超投笔从戎、弃文就武的故事；讲到春秋五霸时，说明浙江当时属于越国，联系越王勾践卧薪尝胆的故事。二是纵横联系，如讲解元朝在台湾设置澎湖巡检司说明台湾是我国领土不可分割的一部分的历史依据时，纵的联系可以追溯到三国孙吴派卫温到台湾，以及郑成功收复台湾等。这样不仅有利于学生历史知识融会贯通，而且还可以培养学生的思维能力和想象力，同时还发挥了在古代史教学中对学生进行思想政治教育的作用。

总的来说，上好德育课，既要充分发挥教师的主导作用，又要充分发挥学生的主体性，调动他们的积极性，真正使学生受到心灵的触动和感染，在讨论、表演、观赏等活动中提高自己的思想道德水平。

一片冰心在玉壶

　　"寒雨连江夜入吴,平明送客楚山孤。洛阳亲友如相问,一片冰心在玉壶。"不知道为什么,在深夜难眠之际,忽然想起了王昌龄的这首诗,不禁有感于作者的心境,是什么样的处境触动了他"冰心玉壶"的情怀呢?

　　我又不禁想到自己,生病在家,又加上一个寒假已是近两个月没有看到曾经熟悉的同事们、朋友们和学生们,心里十分挂念。回到办公室,又看到同事们忙碌的身影,开始了紧张而充实的生活,平凡之中却包含着一种幸福。学生们会不会和自己生疏了呢? 我该准备什么样的开场白呢? 心里有几分焦急,也有几分莫名的恐惧。

　　但真正的融入却是如此的自然。精心设计的开场白看来完全没有用,因为目光相对的时刻,我已从学生眼中读出了理解、期待和祝福。一切的开始,正像我们从来没有分隔。师生之间,有时真有一种奇妙的感情,不须刻意建立,却有一种天然的牵挂与默契。甚至代过课的班级的学生,见了我,眼睛里也饱含了一种喜悦,我知道那是对付出最好的回报。其实我自己又何尝不是? 我常常会想起教过我的老师们,虽然很多年不见,但是他们在我内心里、记忆里给我留下的温暖永远都不会磨灭。我想,这就是教师职业最大的幸福。

　　又一次开始融进充满书香的校园,又一次走进充满期待的课堂,又一次在文学的世界里引领学生展开翅膀,我耳边响起的正是这句诗:一片冰心在玉壶。

喜看硕果结枝头

——记语文小课题研究展示课

5月15日下午，在2号楼录播教室听了杨泽敏、赵艳丽两位老师的小课题研究课，受益良多。两位老师的研究课题分别是《关于高中文言文翻译如何运用已知推未知而至字实句顺的研究》和《有效背诵古诗文指导策略研究》。两位老师的课堂一个严谨扎实，极具实用性；一个活泼开放，极具艺术性和创新性。令听课老师耳目一新。

1. 课题命题精致实在。我校语文学科很多老师都围绕文言文翻译做过研究，包括我自己，但是能把小课题的研究标题、研究内容细化到特别具体、极具可操作性的某一个点上的，就太少了。杨泽敏老师的"已知推未知而至字实句顺"这个具体的研究点，实在而不失精致，真正做到了学校小课题研究要求的"小、细、实"处。

2. 课时目标清晰可测。作为成果展示课，展示什么，怎么展示，经常让老师们犯难。因为"展示"，需要对一段时间的研究进行认真整理，去虚见实。目标明确者操作轻松，目标含糊者举步维艰。杨泽敏和赵艳丽两位老师的课题目标、课堂展示目标均清晰明确，课堂进行举重若轻。杨老师用周测题、期中考试题、典型例题、高考真题层层验收学生运用文言翻译口诀即研究成果的能力，赵老师用吟唱的方式检查学生背诵古诗文的情况，一个扎实，一个新颖，都颇具参考价值和借鉴意义。

3. 研究展示突破难点。我在进行"文言文翻译考点"时也总结过规律或口诀，也想过检验一下学生的运用情况，但要么没压力而没实施行动，要么干脆畏而却步。事实上，我们大多时候总是避重就轻，立项的预期是想突破教学难点，但一学期下来，我们仍然没能涉水。检查、验收正是小课题课最大的难点，我想，学校教科研办把课题课聚焦于过程或者成果的"展示"上，目的也在于突破这个难点，突破高效教学行动策略研究的瓶颈吧。杨泽敏和赵艳丽两位老师的研究课敢于进军这个难点，令我敬佩。

4. 教学环节步步为营。从检查学习到总结已知，到总结方法，到强化检测、链接高考，每一步都符合学生的认知规律，层层深入，循序渐进。环环相扣，详略得当，直指课题（课时）目标。细致处毫发毕现，粗犷处含蓄有度。

当日听完课后，高一高二全体语文教师进行了座谈，王晓明、卢怡昭、明宣丞等几位老师做了精彩发言，学科主任孙海燕老师进行了总结和点拨。

赵海鹰主任对这两节课给予了充分的肯定：一是这两节课是货真价实的研究课。这样的课，评委和听课同仁能够测评出研究者平时研究的扎实程度，也能测评出此课题研究对学生产生的影响程度。二是这两节课是名副其实的展示。既有个体展示又有群体展示，既有代表展讲又有全员参与，既有提前准备也有随机抽取。学生的展示将教师的日常研究成果充分外化，精彩纷呈，让身为教师的我们惊喜而感动。三是从命题看教师的工作态度。一个好教师首先是个认真对待具体工作的老师。从两个小课题的命题上看出，两位教师从学期初就在认真对待自己的课题研究，在半学期的研究中也付出了很多辛苦，所以才给大家带来这样两节好课。她们这两节课的备课时间是这半个学期甚至更长。

赵海鹰主任评课一向既指出优点也不回避不足。对这两节课，也提出了两点需要继续探讨之处：一是针对杨泽敏老师的课指出，课题研究中统计学生达标率应该怎样操作？二是针对赵艳丽老师的课提出，"有效"是什么程度？我们为什么提出"高效"课堂？

回首七年小课题，喜看硕果结枝头。来到宁高，我们一直在小课题研究的路上成长。

读懂苏东坡

——读书随笔

在读《苏东坡传》之前，苏东坡在我心中是个谜一样的存在。我知道他在诗、词、文、赋、绘画、书法等方面造诣颇高，在人生坎坷与打击面前豁达洒脱，但我真的不知道他是怎样做到的。

带着这些疑问，我浏览了林语堂先生的《苏东坡传》。我只敢说浏览，因为很多地方读得不够细。尽管如此，苏轼一生的主要事件我还是有了一个大体的认知。原来，他的一生比我想象的更丰富，也更曲折。

苏东坡的传奇人生，既非虚构，亦非杜撰。林语堂先生用大量翔实的史料让我们看到了一位名士，一个文化名人，一个充满不幸而又强大乐观的普通人。他并不神奇，他的故事里充满了平凡人家的烟火气，而这，一点也不妨碍他成为一位大家。

接下来我读了余秋雨先生的《文化苦旅》，特别是当中的《东坡突围》。我觉得，这篇文章写出了东坡先生的"神"，他的孤傲，他的卓越，他的不幸，特别是他对苦难的超越。那段对成熟的阐述堪称经典。

这期间我还读了安吉丽思·芭芭拉所写的《内在革命》，这帮我从心理学的视角进一步了解了苏轼。微信读书上的《人间有味是清欢》也让我更多地走近他的精神世界。

现在，我再读复旦大学王水照先生所著的《苏东坡传》。与林语堂先生所写相对照，我能更真切地感受到东坡先生的喜与泪，悲与欢，呼吸与叹息。当柔韧的生命装进生动的文字里，东坡的形象更加饱满和清晰。

不经过苦难的人不会懂苏东坡。人生际遇本就无常，并不像科学公式一样可推可导。有时候，有些事，真的是说不清，道不明，很无奈，很无助。凡人能做的事，苏东坡已做到了极致。

在苦难中学会坦然，甚至在苦难中学会浪漫，这听起来十分奢侈，但在苏东坡看来，苦难与乐观正是一对孪生兄弟。听他唱"大江东去"，听他叹风雨阴晴，听他歌月圆人缺，听他吟天涯芳草。在他的字典里，苦难早已失去了痛苦的意义，那只不过是平静生活的调味剂。

不能超越苦难的人不会懂苏东坡。他的故事里没有苦中作乐的牵强，只有与苦难融为一体的天然和洒脱。他在苦难这壶老酒中氤氲着甜美的酒香，他在坎坷这支欢歌里轻吟着生之喜悦。生之喜悦，原本就是那么简单，无关名利，无关得失，甚至无关生死。

他真正读懂了苦难。原来苦难并不是那么面目可憎，而是可与之相交为友。豁达如东坡，苦难也对他留有几份温情；坦荡如东坡，挫折也难以惊起他心中的风雨；真诚如东坡，生活也在他面前收起了伪装的面具；洒脱如东坡，打击对于他来说，早已不具备什么威慑力。

好一个可爱的苏东坡！在苦难的雕琢下，你成为理想、信念、善良、坦荡的代名词；好一个了不起的苏东坡！在风雨的陪伴下，你诠释了洒脱、乐观、豁达、豪迈的真义；好一个神圣的苏东坡！在历史的淘沥下，成为中国士人灵魂的金字塔。

其实，苏东坡并不是一个特例，并不是一个孤独的存在。我渐渐发现，每个人心里都有一个苏东坡。我在读书交流会上，曾以《心中的明月》为题，以苏东坡的主要经历为内容做过交流，很多人为之流泪。我想，大家流泪并不是因为我的言辞，甚至不完全因为苏轼的故事，更是因为每个人自己都有类似的故事或体验，这深挚的情感在苏东坡的故事中产生了共鸣，就像在生命中找到了知己。

所以，你可以想象，苏东坡其实是一支红烛，在阴冷的生命旅途中，给我们以光明和温暖，在它的点缀下，我们可以巴山夜雨，西窗共话；苏东坡其实是山头斜照，在萧瑟风雨中慰我们前行，让我们无畏风雨，不惧阴晴；苏东坡其实是一樽美酒，让我们在滚滚大江面前一展怀抱；苏东坡其实是一曲洞箫，在我们心底惊起潜蛟嫠妇；苏东坡其实是一轮明月，在盈虚之间诠释着人生的真谛。

你用如水般自然的文字展现了真实的生命，你用一盘东坡肉俘获了千百年来美食家的心,你用一颗豁达洒脱的真心守护了同样孤独无助的后来人。

久已不愿动笔,久已不愿遣词,但为东坡,我愿反复斟酌和揣摩,只怕言不尽意。未来的日子,我愿携手东坡,共面人生所有的坎坷。

第三编 课例·教案

读写结合品《陈情表》

一、教育内容分析

《陈情表》是人教版高中语文必修五第二单元第七课,《古文观止》评价它为"至性之言,自尔悲恻动人"。苏轼说:"读《出师表》不下泪者必不忠,读《陈情表》不下泪者必不孝。"千百年来,人们常以"忠则《出师》,孝则《陈情》"相提并论,可见李密的《陈情表》具有相当强烈的感人力量。情动于中而形于言,所以《陈情表》无论是在情感教育还是在写作手法点拨上都有重要作用。另外,这篇文章要求全文背诵。

二、学情分析

学生在文言知识整理方面已经具有一定的基础,对于文言文的背诵也比较重视。但是,很多学生不注意体会文言文的写作技巧,并且对文言文的学习积极性不高。所以本课时教学设计将把调动学生积极性、引导学生进行写作实践作为特色和亮点。

三、设计思路

本课的教学设计本着"三结合"的教育理念。一是文言文教学和写作教学的结合,二是语言学习和语言实践相结合,三是情感和事件相结合,进而实现文言文教学的一种探索和创新。

具体思路是——

1. 用现实中的语言情境导入，启发学生思考其中表达技巧——融情于事、以情动人，由此引出本课学习的内容——千古至情之文《陈情表》。

2. 采用听读和跟读的方法体会文章情感，概括各段内容，把握各段的感情基调。重点学习第一段。采用小组学习和交流的方式积累文言知识，完成翻译和背诵，并结合文本深入体会融情于事、以情动人的写法。

3. 最后设置三组不同的情境，学生运用本课学习的方法完成不少于200字的练笔。

四、教学目标

1. 听读课文，概括各段的主要内容，并把握各段的感情基调。

2. 研读课文，积累文言知识，准确翻译并背诵第一段。

3. 体会并借鉴本文融情于事、以情动人的写法。

五、教学重点

研读课文，积累文言知识，准确翻译并背诵第一段。

六、教学难点

体会并借鉴本文融情于事、以情动人的写法。

七、教学过程

（一）创设氛围，巧妙导入。

播放视频3.5分钟，内容为《火蓝刀锋》中蒋小鱼感动众乡亲续租海训场的片段。提出问题：蒋小鱼为什么能够说服众乡亲？

学生可能的回答:设置悬念、欲擒故纵、真情动人、柳小山壮烈牺牲的事迹等。

教师引导:莫先乎情——军人报国之情——感动点

(板书:情)

这份感情不是空洞的、抽象的灌输,而是具体、真切地寄托在柳小山的事迹上。

(板书:事)

那我们今天也来学习一篇千古至情之文——《陈情表》。

(二)运用课件,展示学习目标。

1. 听读课文,概括各段的主要内容,并把握各段的感情基调。

2. 研读课文,积累文言知识,准确翻译并背诵第一段。

3. 体会并借鉴本文融情于事、以情动人的写法。

学生齐读目标,教师强调其中的重点并简要介绍作者和写作背景。

(三)播放课文朗诵视频,提出具体要求,学生可以跟读。

1. 找出朗读中与课文不符的字音。

2. 用简练的词语概括每段的感情基调。

3. 体会朗读者在节奏、语速、语气上的把握,有感情地朗读课文。

(四)学生自由发言,概括各段的主要内容,把握各段的感情基调。

参考答案:

主要内容——

第一段:历述自己的悲惨遭遇及家庭苦难,从而说明自己与祖母感情深厚,为下文张本,奠定了全文的感情基调。

第二段:叙述归晋以来,皇上多次征召,但祖母病重,自己进退两难。

第三段:以孝治天下为依据,恳切提出暂不赴命的请求。

第四段:乞求皇上恩准"终养",表明自己先尽孝后尽忠的赤诚之情。感情基调——

第一段:凄苦,悲凉。

第二段:感激,恳切。

第三段:真挚,诚恳。

第四段: 忠诚, 恳切, 期待。

教师对学生分析加以引导和点拨, 适时展示参考答案。

(五)小组合作, 研读课文第一段。

1. 找学生有感情地朗读第一段。

2. 明确分工, 一组一句, 读、译、背、整理文言知识点。

3. 余下小组梳理不幸遭遇, 并完成全段背诵。

4. 3~5分钟合作学习, 然后分组展示。这个过程中教师不断引导和补充相关内容。

5. 全班齐背课文—全组齐背课文—独立完成背诵。

(六)从第一段的感情基调和不幸遭遇中再次强调融情于事、以情动人的表达技巧, 并布置写作任务, 限时完成, 各组派代表展示, 教师点评。可以根据学生情况插入史铁生的《我与地坛》片段, 起引导和示范作用。

(七)引导学生谈本课收获, 教师总结, 布置课下任务。

八、板书

陈　情　表

李密

情 —— 事

副板书　　重要的文言词语, 如闵、见等

九、教学反思

优点——充分体现了教学设计中的"三结合"理念, 初步实现了文言文教学模式的探索和创新。教学重点突出, 在难点突破方面取得了明显的效果。

不足与改进——教学容量比较大, 能够按时完成, 但可以考虑给学生更大的展示空间。如果能将本课例的思路和设计运用于同类型课文教学, 并进行灵活变化, 应当可以形成文言文教学的新模式。

诗心词韵

语文课的魅力在哪里? 正因为有诗意, 语文课才有了生命和魅力。什么是诗意? 每个人的理解可能不同, 但我认为, 最能体现诗意的, 莫过于古典诗词了。怎样让学生感受到诗意? 我想, 最好能让学生动起来, 读起来, 演起来, 唱起来。这堂课, 就是我对诗意语文的一点粗浅的理解和初步的尝试。

教学目标

1. 通过吟唱、朗诵等多种形式积累古诗词, 感受诗词之美。

2. 培养吟咏、朗诵等能力, 特别是语速、节奏、重音、韵律、语气等方面的处理和把握。

3. 激发对古诗词的热爱之情, 全面提升语文素养。

评分细则

1. 衣着得体, 精神饱满, 姿态得体大方。1分

2. 朗诵作品思想健康、内容向上。1分

3. 普通话标准, 吐字清晰。1分

4. 正确把握诗歌节奏(语速和断句)。2分

5. 正确把握诗歌轻重音。2分

6. 声情并茂(肢体语言和表情的变化)地反映诗歌的内涵。1分

7. 朗诵富有韵味和表现力, 能与观众产生共鸣。1分

8. 朗诵形式富有创意, 配以适当伴舞或配乐, 或以其他富有创意形式朗诵。1分

教学设计

本学期进行必修三和必修四的学习,结合课内必修三的唐诗单元和必修四的宋词单元的学习,设计了古诗词积累和拓展的相关活动。本课就是系列活动之一,意在激发对古诗词的热爱之情,全面提升语文素养。

诵读是学习诗歌的重要环节,但是平时课堂时间有限,往往不能全面调动学生吟诵诗词的积极性,也不能充分挖掘学生的潜能。为拉近学生与古诗词的距离,培养学生的吟咏、诵读等能力,特设计本课程。

本课以学生组间竞赛形式展开,学生主持,学生做评委,可以说是学生搭台,学生唱戏,教师全程指导和帮助。

前期准备

(一)确定活动课的主题、内容和形式。

(二)合理分工:

1. 分组: 按班级人数和学习内容将学生分成5组。

2. 各组主动申报节目,每组限报2~3个节目。

3. 确定主持人和评委,安排节目顺序,制定评分细则。

4. 对各组申报的节目进行检查、筛选和指导。

(三)制作课件,引导学生做好写台词、配音乐等细节工作。

活动过程

(一)导入:窗外七月骄阳似火,室内大家内心对古诗词涌动着火一般的热情。本节课既是大家各展才艺的展示课,也是语文学习的一节实践课,更是对大家课内外诗词积累的一节检测课和汇报课。

173

（二）展示学习目标。

（三）主持人开场白。

（四）节目依次进行：

1. 朗诵 《七夕》《题陆山人楼》《雨后有月江上奏》《月夜》。

2. 朗诵 《满江红》《八六子·倚危亭》。

3. 吟唱 《水调歌头》。

4. 朗诵 《春江花月夜》。

5. 配乐朗诵 《国殇》。

6. 吟唱 《凤求凰》《钗头凤》。

7. 背诵 《蜀道难》。

8. 朗诵 《江城子·十年生死两茫茫》《一剪梅》。

9. 相声 戏说诗词。

10. 朗诵 《将进酒》《登岳阳楼》。

11. 吟唱 《葬花吟》《离骚》。

12. 朗诵 《九歌·湘夫人》。

（五）结束语：

感谢优雅智慧的古人，为我们留下了这么多千古传诵的名篇佳句，感谢各组同学们用你们的精彩演绎让古诗词焕发生机，献上一场文化盛宴。

希望大家在今后的学习、生活中，继续不断积累和学习，多读多背，用心灵去体会，与唐诗宋词携手，谱写人生的壮丽诗篇。

愿优秀的传统文化薪火相传，愿诗心词韵永驻人间。

课后反思

整日沉浸在题海中的理科学生，其实也有一颗诗心。学生们动情的演绎，深深感染着我，震撼着我。人生自有诗意，语文课又怎能没有诗意的浸染。我觉得这节课最成功的地方，就是把全体学生调动起来，或读，或唱，或演，或评，所有人都沉浸在诗意的海洋中。最大的遗憾是还有很多学生的潜力没有挖掘和展现。粗缯大布裹生涯,腹有诗书气自华。结束语其实是我一直以来最大的心愿,用心灵体会,与唐诗宋词携手,谱写人生的壮丽诗篇。愿优秀的传统文化薪火相传,愿诗心词韵永驻人间。我希望用这样一节课,让学生亲身感受古典诗词的魅力,让美好的诗词薪火相传,让我们的语文课永远充满欣喜、感动和诗意。

从"我"入手品《祝福》

曾发表于《语文教学通讯》

　　鲁迅是20世纪中国文学史上的大家，他以一种深邃的思想洞穿了当时社会的黑暗、落后和腐朽，更以其特有的犀利的笔触把病态的社会展现给读者看。对不幸的底层人民，他"哀其不幸，怒其不争"；对黑暗的社会现实，意图"揭出病苦，引起疗救的注意"。鲁迅的作品是那个时代真实而典型的记录，是艺术性和思想性的高度结合。然而众所周知，鲁迅的作品在中学语文教学中的位置却非常尴尬，有"一怕周树人，二怕文言文"之说。我想，这主要和我们的语文教学曾经在一段历史时期里把文学作品政治化，且因此把鲁迅放到高高在上而又曲高和寡的神坛之上有关。今天，我们的语文教学已经充分展现了它的开放性和独立性，让鲁迅真真切切地走进学生的精神世界，应该是一个语文教师神圣而自豪的职责。本文试以《祝福》（人民教育出版社新课标教材必修三第二课）为例，进行一些浅陋的分析。

　　《祝福》写的是鲁四老爷家的女工祥林嫂在祝福之际悲惨死去的故事。以往我们常从祥林嫂、鲁四老爷这两个人物的语言、动作、心理、性格入手，把握文章的主旨，特别是祥林嫂语言和外貌的前后对照，探寻故事的悲剧根源。通览全文，我们发现，作者对弱者的同情和对麻木者的不满并不是直接通过这两个人物展示的，而是通过一个以寄居者身份出现的"我"来记述、流露的。"我"是悲剧的发现者、见证者，也是某种程度上的促发者（如关于魂灵的对话），正是"我"的观察、倾听和情感投入，才使得祥林嫂的故事真切而感人，所以，把握文章的主旨、鉴赏文章的写作艺术，都不应该脱离了"我"这个见证者。同时，"我"是一个外出求学的知识青年，这个身份与中学生的年龄非常接近，因而更容易被理解和接受。我试从以下几个方面展开分析。

一、"我"与作品的主题

鲁迅小说的两个主题是"看"与"被看"、"出走"与"归乡"。《祝福》中的"我"是后者的典型代表。"你是识字的，又是出门人"，祥林嫂的简单的话语让我们猜想到作者是外出求学的青年，他很可能是怀有"康有为"式的革新思想，希望改变人生和社会。所以他和作为封建家长的鲁四老爷"谈话是总不投机的了"，以至要"离开鲁镇，进城去，趁早放宽了他的心"。"虽说故乡，然而已没有家，所以只得暂寓在鲁四老爷的宅子里"，表现了"我"寄人篱下的生存状态，这是作者人生经历的再现，因此，也可以说"我"中有作者的影子，是那个社会中力图上进而又困顿难支的痛苦求索中的知识分子的代表。鲁镇对于"我"，是故乡，却没有亲情，归乡是为了寻求寄托，再次被迫出走是对现实彻底绝望而另寻希望。"我"的归与走，已经为故事的发生设置了合理的社会环境——冷漠、保守、迷信、毫无生气，这是悲剧发生的必然。

二、"我"与鲁四老爷的关系

作为"讲理学的老监生"，鲁四老爷虽是"我"的本家长辈，却对"我"的态度十分冷淡。简单的寒暄，"说我'胖了'"之后，就"并非借题在骂我"，"一个人剩在书房里"。可见二人心理距离之远。"我"对四叔则是既了解又畏惧。知道他"忌讳极多"，所以想问也不敢问，生怕"不早不迟"，"也是一个谬种"。"俨然的陪着""不很留""闷闷的吃完了一餐饭"等等，作者只用了这样几个微小的细节，短短的几个字，就把叔侄之间那种疏远、冷淡的反常关系点染出来，可见作者驾驭文字之功。既是寄居，就难免要看人脸色，即使心怀疑惑，也不敢发问；即使满怀同情，也不敢有所表达，只能选择乖巧地走掉，这是无力改变社会现实，改变世态人情的知识分子的无奈和隐痛。高高在上的鲁四老爷，是那个畸形社会的受益者、掌控者。他不仅可以斥责祥林嫂那样的不幸者，也凌驾在包括"我"在内的所有人之上。"我"是叛逆者，但也是走投无路、委曲求全者。等级、压制、欺凌在"我"与鲁四老爷之间上演，不正常的人际关系是社会现实暗淡腐朽的集中体现。

三、"我"对祥林嫂的态度

"我"对祥林嫂的态度总的来说充满同情。"我"与祥林嫂的对话，只有简单的几句，但是"我"的心理描写却相当复杂、传神和精彩。"悚然""遭了芒刺一般""惶急""踌躇""何必增添末路的人的苦恼"的神态和心理，正与"淡然"的短工、"生气"的鲁四老爷形成鲜明的对比。"我"对祥林嫂的不幸遭遇同情、关注，想给她一点哪怕是虚假的安慰。"我"对自己的答话"很觉得不安逸"，觉得"委实该负若干责任"，是出于一个知识分子或者说一个正常的人的善良的本心。如果说在鲁镇还可以看到什么光明和亮色的话，那就在这里了。但是"我"的善良又有两面性和无论主观还是客观上的有限性。主观上，"我"时而"心地已经渐渐轻松""'说不清'是一句极有用的话""与我也毫无关系了"，在反复的矛盾中既见出人性的复杂，又见出"我"的软弱和无奈。客观上，"我"也的确很难给祥林嫂有力的支持和帮助。但是，"我"还是在冷眼地看着这个社会，在他看来，祥林嫂"只有那眼珠间或一轮，还可以表示她是一个活物"。作者用了"物"字，而不是"人"字，是因为"我"已经清醒而愤怒地看到：在那样的环境里，祥林嫂甚至享受不到作为人的基本的尊严和权力，感受不到她所处"人间"的丝毫的感情和温暖。一个"物"字表现了作者的愤怒和绝望，冷酷的社会现实将"人"退化成"物"，没有了哪怕是痛苦的感受，没有了生命的渴望。"我"清醒而痛苦的知道，"百无聊赖的祥林嫂，被人们弃在尘芥堆中的，看得厌倦了的陈旧的玩物，……被无常打扫得干干净净了"。所以，"我"对祥林嫂的死饱含着充满愤怒的同情和充满同情的愤怒。

四、"我"对自己和社会的看法

"这时我已知道自己也还是完全一个愚人"，是"我"对祥林嫂提出问题的困惑，也是对自己无力给她帮助的深刻自责。"往日同游的朋友，虽然已经云散，然而鱼翅是不可不吃的，即使只有我一个……”可以见出“我”的孤独、坚持和我行我素。"我"在祝福的繁响中，"懒散而且舒适"，疑虑也被一扫而空，也表现出对现实的顺从、逃避和得过且过。"我"面对鲁镇的残酷现实，只能一次次想到"我明天决计要走了"，在渺茫中苦苦追寻着看似若有若无的希望。"幽微的火药香""灰白色的沉云""震耳的大音"在鲁镇上空环绕，"只觉得天地众圣歆享了牲醴和香烟，都醉醺醺地在空中蹒跚，预备给鲁镇的人们以无限的幸福"。在祝福之夜，"我"对鲁镇的现实进行了辛辣而深刻的讽刺，消解了愤怒与同情，作出了选择和预言。

综上所述，"我"是贯穿全文的线索人物，是作者情感态度的间接体现，是阅读教学可以借鉴的切入点。

《阿房宫赋》教案

研究课题名称	《关于如何指导高二学生阅读古文的研究》
课题目标	1. 掌握阅读古文的一般步骤和方法； 2. 能从文言、文学、文化三个层面解读文本； 3. 积累文言知识，培养文言语感。
教师本课时 达成的目标	1. 复习巩固学过的文言知识； 2. 体会赋体文章的特点，分析文章中修辞手法的妙用； 3. 背诵全文并在理解文章主旨的基础上写一段随笔感悟。
课型	成果展示课
授课课题	《阿房宫赋》
授课方法	诵读法、自主学习、合作交流、点拨法、读写结合
学生学习目标	1. 能从文言、文学、文化三个层面解读文本； 2. 积累文言知识，培养文言语感。

教学过程设计及教学策略说明：

	教学过程及教学方法	教学策略说明
课前 展讲	学生展示100字左右的古文，从文言、文学、文化三个层面进行解读。	课前展讲，进行文言知识的积累，也是本课题的研究点之一
导入	孟子曾说："乐民之乐者，民亦乐其乐；忧民之忧者，民亦忧其忧。乐以天下，忧以天下，然而不王者，未之有也。"荀子说："君者舟也，庶人者水也。水则载舟，亦能覆舟。"这些至理名言道出了颠扑不破的真理：国富民强必以民为本。秦王不爱其民而大肆奢侈以致亡国的事实，在后代的著作中多有论及。在唐代，杜牧又在《阿房宫赋》中两次提起，为什么呢？这节课，我们就来解读这篇赋。 你认为哪一段写得最好？ 各组组长组织本组成员背诵、翻译、赏析相关段落。	从文化层面导入，引导学生关注文本的写作背景和思想意义 分组学习，交流讨论，选择最喜欢的段落作为突破口，意在调动学生的学习兴趣和主动性 兼顾学生的自主学习和合作学习，以兴趣为导向，自由结组 教师指导：引导学生从文言、文学、文化等角度进行学习和探究

续表

教学过程及教学方法		教学策略说明
文言层面「落实研究点」	重点词语 （1）六王毕，四海一（统一） （2）盘盘焉，囷囷焉（相当于“然”……的样子） （3）不霁何虹（雨过天晴） 词类活用 （1）六王毕，四海一（数词用作动词，统一） （2）北构而西折（北、西　名—状　向北、向西） （3）廊腰缦回（名—状，像人腰） （4）檐牙高啄（名—状，像鸟嘴） （5）蜂房水涡（蜂房，水涡　名—状　像蜂房，像水涡） （6）未云何龙（云、龙　名—动　出现云，出现龙） （7）不霁何虹（虹　名—动　出现彩虹） 古今异义 （1）直走咸阳 古义：跑 今义：行 （2）钩心斗角 古义：宫室结构参差错落，精巧工致 今义：常用来比喻用尽心思，明争暗斗。 （3）一宫之间，而气候不齐 古义：雨雪晴阴 今义：一个地区的气象状况。 第二段重点词语解释 （1）绿云扰扰，梳晓鬟也（纷乱的样子 古代女子环形的髻） （2）奈何取之尽锱铢，用之如泥沙（夺取） 词类活用 1. 辇来于秦（名词作状语，乘坐辇车） 2. 朝歌夜弦（名词作动词，歌唱；奏乐） 3. 鼎铛玉石（名词用作动词，把鼎当作；把玉当作） 4. 金块珠砾（名词用作动词，把金当作；把珠当作） 古今异义 1. 明星荧荧，开妆镜也 古：明亮的星光　今：指行业中做出成绩，出名的人。	各组展示研究成果。分段梳理文言知识点，投影展示 结合导学单进行检测，随机抽号，力争体现学习过程的全体性 对学生容易出错的问题进行纠正、反馈、强化 文言文的学习必须强化背诵，课上给学生反复朗读、品味、背诵的时间 各代表组出展示背诵并打分 教师随机抽测，学生到黑板上默写相关语句 教师强调锱铢、磷磷、腻、鬟等字的书写 实词重点强调“族”，引导学生在具体语境下体会名词动用的特点

续表

教学过程及教学方法		教学策略说明
文言层面「落实研究点」	2. 韩魏之经营,齐楚之精英　古义:金玉珠宝　今义:筹划并管理(企业等)。 古义:金玉珠宝　今义:精华,也指出类拔萃的人。 第三段重点词语解释 楚人一炬,可怜焦土(数量词,一把) 秦爱纷奢,人亦念其家(喜爱) 词类活用 楚人一炬(放火) 古今异义 楚人一炬,可怜焦土 古:可惜;今:怜悯,同情。 特殊句式 戍卒叫,函谷举。被动句	每段布置一个重点虚词做课外拓展,如焉、之、于、也 学生将各组展示的内容进行整理
文学层面「落实研究点」	名篇《阿房宫赋》历来受到人们的高度评价。 "至杜牧之《阿房宫赋》,古今脍炙"(元·祝尧《古赋辨体》),"古来之赋,此为第一"。文章不仅有严谨的结构,而且还有绚丽华美的语言。这里既有堆红叠翠的亭台楼阁,又有百姓的叹息,宫女的啜泣,帝王的呵斥,戍卒的呐喊。 1. 阿房宫是怎样建成的? 2. 阿房宫的外观怎样? 3. 阿房宫内部的构造和建筑怎样? 4. 第一段用了哪些艺术手法,有怎样的表达效果? 5. 其中的宫女、珍宝都是从哪里来的? 6. 宫女的生活怎样?作者是怎样表现宫女的生活的? 7. 秦人是如何对待宫中的珍宝的? 8. "一人"与"千万人"的生活有怎样的差别? 9. 富丽堂皇、雄伟壮观的阿房宫最终怎样?	用课件展示,引导学生理清文章思路 引导学生概括阿房宫的特点 引导学生学习第一段的表达方式和表达技巧 提示学生注意排比兼比喻的表达效果 注意排比兼对比的表达效果

续表

教学过程及教学方法		教学策略说明
文化层面「落实研究点」	鉴前世之兴衰,考当今之得失。(司马光《资治通鉴》)	引导学生抓住关键句,读出文句的意蕴和深意
	历史是一面镜子,"以史为鉴,可以知兴替",总结历史的兴亡教训可以补察当今为政的得失。在这种思想指导下,贾谊写了《过秦论》,其中心论点是"仁义不施而攻守之势异也"。针对汉初的情况,主张实行仁政。同样地总结秦亡的教训,针对唐敬宗继位后,广造宫室,天怒人怨的现实,23岁的杜牧作《阿房宫赋》来讽谏唐朝统治者。那么,在这篇赋中杜牧提出了怎样的观点呢?	如"兀"和"出"的关系 　　引导学生结合注释分析历史背景和写作目的
	读完这篇文章,你有怎样的感受?你想对秦朝的统治者、对项羽、对后人说些什么?试写一段200字左右的随笔。	读写结合,深化对文章的理解
归纳总结	这节课,我们从文言、文学、文化三个层面学习了经典古文《阿房宫赋》;能看出大家通过自主学习和合作探究积累了文言知识,感受了文学的魅力,丰厚了文化底蕴。	引导学生对照学习目标自我总结
	希望大家在今后的学习中能够自觉运用今天学到的方法,更深入、更灵活的阅读古文。	教师总结,再次强调研究点

第四编

相关拓展（心理）

　　工作时间久了，我发现很多老师和学生都会遇到心理上的困惑。如果能有一些专业的方法和指导，可能会使他们的学习和工作有较大的改善。于是我自学了心理咨询的相关内容，并通过了国家二级心理咨询师的考试。

　　在学习的过程中，我自己的思想和精神状态也有很大改变，通过撰写个人成长报告，我对自己的认识更清晰了。通过写案例报告，我体会到心理咨询方法的实际应用。我把这两篇文章拿出来和大家分享，希望对有同样想法的你有所帮助。

努力穿越困境，实现心灵成长

　　【摘　要】困难几乎发生在我们身边的每时每刻。每个人都会在生命中遇到不可预料的困境，而要摆脱困境，有时光凭自己空想是没有办法的，必须靠人指导，有人帮助，去战胜困难。要想真正摆脱自己的困境，就要善于学习，向不畏困难、愈挫愈勇的人学习。而当我们有能力帮助别人时，我们也不应吝啬，应该相信，授人玫瑰，手有余香。对于每一个生命个体来说，也许最有意义的就是努力穿越困境，实现心灵成长。

　　【关键词】心理学；自我成长；摆脱困境

　　真正的幸福，应该是努力穿越困境后的心灵成长，这是我反思自己的人生经历后得出的最突出的感受。1983年1月，我出生于一个普通的工人家庭，父亲母亲都是最普通的劳动工人。他们没有很高的学历、文化，可是为人简单、善良、热情，所以在我幼小的心灵里，感受到的是来自父母的满满的、深挚的、无言的爱，这使我在幼年期安全的需要和爱的需要得到充分的满足。这也建立了我对人性的基本认识，即对人的基本信任感、对家庭的责任感和对生活的满足感。特别是他们勤劳善良、勤恳踏实的本性，相敬如宾、宽容理解的家庭氛围，使我拥有了很多积极的人格特点。

我在接近7周岁的时候上了小学，虽然年龄小一些，但是我的学习成绩不错，听话乖巧，沉默寡言。我的性格相对内向，喜静不喜动，这在很多人看来有点不合群。我的班主任老师敏锐地发现了这个问题，经常有意识安排我做一些简单的工作，比如收发作业。慢慢地，我习惯了和同学交流，成为了班里的学习委员。回想起来，如果不是班主任积极地引导，今天的我可能还处在社交焦虑之中。

上初中后，学校离家很远，小学同学几乎都不在这所学校里，我又一次陷入孤独的境地。然而我有幸交到了两三个知心好友，总能在一起开心地玩耍和畅谈，而不是一味钻在书本中。温暖的友情，让我摆脱了孤独的困扰，缓解了学业竞争的巨大压力，让我的初中时代虽然青涩却也充满阳光。

进入高中，我遇到了更多开朗乐观而又积极向上的好朋友，高一的生活是那么的快乐和充实，我想，梦中的伊甸园也不过如此，丰富的活动、活跃的课堂，每一天都能感受到自己的进步。知识、友情围绕在身旁，一切都美好得如梦境一般，而一切又都是那么真实地发生在我的生活中。亲切、温暖、快乐、充实，我幸福得不得了。

但是生活有时就是会发生突然的转折。因为文理分班，也因为班主任生病了，我所在的班级被打散，零零散散地插到别的班级去。这对已经适应了原来班级的我来说，是非常痛苦的。友情的缺失，学习压力的加大和父母的下岗，使我一下从幸福无忧的云端摔到了地上。这种痛苦一直持续到我上大学。

青春期的叛逆使我选择了离家更远的高校，然而真正人到异乡才知道一切更加不易。这个时候，郭兰老师出现在我的世界里。她是学校的心理咨询师，通过开学的测试发现我的情绪十分低落，就建议我把自己的苦恼和困惑说出来。很多次，在学校的操场上、林荫路上，她不厌其烦地听我讲自己的故事，不断地开导我、鼓励我，把她的故事讲给我听，让我在离家千里之外依然感受到亲情般的温暖。我内心的冰开始融化，不仅顺利完成了学业，还通过自己的努力完成了跨专业考研。回首这段岁月，虽然充满了艰辛，但是我的性格开始成熟，自我意识开始觉醒，并在老师的帮助下建立起更加积极自信的人生观。这个时候，我开始隐隐觉得，人生其实会有很多困境，没有人会一帆风顺，但只要充满信心，明确目标，努力穿越困境，就能实现心灵的成长。

读研生活幸福而充实，当然由于跨专业学习，我确实也遇到了很多困难。但每当遇到困境时，我都会不断鼓励自己，不断明确目标，终于，我以优异的成绩顺利毕业。毕业时除了找工作，我还报考了博士，后来虽与继续学习的梦想失之交臂，但我并未沮丧，因为我知道自己在能力上一定还有不足。

研究生毕业后我有很多选择的机会，最终我选择了现在的工作单位，成为了一名高中语文教师。承蒙领导信任，我还担任了一个班级的班主任。在教育教学工作中，我对学生倾注了全部的爱，这不仅仅是因为我本身对教育工作的向往和热爱，也不仅仅因为我对所学专业的热爱，更源于我自己人生经历中很多关键的时期，很多老师给我的温暖和感动，没有他们，就没有今天的我。有时候我就在想，我是来报恩的，我要把曾经感受到的师爱全部倾注到我的学生身上，这应该是对我的老师们最好的感谢和报答。因为每个人都会遇到生命的困境，努力摆脱困境，就是心灵的成长。

在此后的人生道路上，我又遇到了许许多多的困难和打击，有些在我看来是不可理解、不能接受的，也对我的身心造成了巨大的损伤。可是我仍然坚信，人生中充满困境，只有努力穿越困境，才能实现心灵的成长。我希望通过心理学方面的学习，掌握更多穿越困境的有效方法，拨开命运设置的重重迷雾，真正实现心灵的成长。我更希望通过专业的理论学习和实践，帮助更多困境中的人们走出泥沼。正如丰子恺在《云霓》中所写："别在树下徘徊，别在雨中沉思，别在黑暗中落泪。向前看，还有一片明亮的天。"在学习中我也更加懂得：面对身边的人和事，要学会接纳、包容，多一些信任，努力创造真情的空间，构建和谐的精神家园，而面对困境，我们要多一分勇敢、自信和坚强。不经风雨，怎见彩虹。成熟的人应该既能在困境中自我救赎，又能够尽己所能帮助身边的人，共同穿越困境，实现心灵的成长。

正如台湾师范大学曾仕强教授在解读《易经》时所说，人生其实就是不同阶段的调整。回顾我自己的人生经历，总结自己的兴趣爱好和得失，我为自己确立了这一阶段的奋斗目标：不断提高业务能力；完成心理咨询师学习，做一名合格的心理咨询师，帮助更多需要帮助的人。

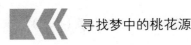

借助卡特尔的人格因素进行分析，我性格总体是真诚、热情、和蔼可亲；富于感性、喜欢幻想、工作生活富有创造力；喜欢坚持自己的观点，不太变通；遇事喜欢思考，能够客观地分析问题。乐群性、聪慧性、稳定性、有恒性呈高分倾向。我认为自己最好的五个品质是：善良、正直、孝顺、关心社会和他人、有同情心。我认为活着除了要好好爱自己之外，最重要的是从身边的人开始去传播这种爱或叫做人性中正向美好的力量，每当我发自内心去做这些事情的时候，我都觉得自己无比快乐。

我大部分时间的心情是平静和喜悦的，偶尔在帮助不同的来访者时，遇到比较困难的个案，会有些担心和不自信。之后自己会给自己积极的暗示，积极努力去学习，发挥自己最好的水平即可，相信自己努力过了会有好的结果并欣然接受成长过程中的一切可能。

我的朋友们对我的评价是：真诚、坦荡、有亲和力，放松时给人带来无比欢笑，安静时给人带来深刻思考。同事们评价我是：性格随和，待人真诚，富有同情心，工作能力强。学生评价我：秀外慧中，善解人意，知识渊博，关爱学生。其实我也有很多缺点，有时太过于理想化、完美化，有时过于敏感，太在乎别人对自己的看法。有时犹豫拖沓，不够自信和果断。

我为什么要做心理咨询师

首先，我亲身体会过心理咨询对我的人生产生的积极影响。正确认识自己，看待人生，是我们走向幸福的关键。每个人都会在生命中遇到不可预料的困境，而要摆脱困境，有时光凭自己空想是没有办法的，必须靠人指导，有人帮助，去战胜困难。要想真正摆脱自己的困境，就要善于学习，向不畏困难、愈挫愈勇的人学习。而当我们有能力帮助别人时，我们也不应吝啬，应该相信，努力穿越人生困境，就能实现心灵成长。

其次，我具备成为一个合格心理咨询师的个性品质。在心理健康的状况下，我的情感丰富而且稳定，处事比较理智，为人随和热情，具有亲和力，尊重他人，语言表达能力较强，而且具有强烈的责任心和爱心。

此外，多年的教育工作培养了我敏锐的观察力、洞察力，使我善于思考，十分关注他人的感受。真诚、温暖、通情达理、因势利导，而这些都是最基本的咨询品质，并且在实际的教育教学和管理活动中获得了一定的实践经验。

最后，我有成为心理咨询师的强烈愿望。从教这几年，与学生朝夕相处，发现现在的学生心理问题十分严重。成长的痛苦、学业的重压、社交的困惑，都让这些未成年的孩子们面临心理上的巨大考验。我希望能够尽自己的微薄之力，帮助他们解决心理问题，塑造健全的人格，使他们能够健康快乐地成长。

结　语

小时候，我就特别渴望能成为一名心理学家，希望能够读懂每个人的内心世界。长大以后，我越来越深刻地感受到心理健康对一个人成长的重要作用。教育学、心理学的学习，让我初窥心理咨询的大门；文学作品的熏陶让我有了更为敏感和丰富的内心世界；教育教学实践让我进一步感受到心理咨询的意义；心理咨询的专门培训让我掌握了更多可以应用的理论和技术。我期待各位老师能不吝赐予我真诚的指教，让我在专业领域里迅速成长，有所发展。

我相信：努力穿越困境，就能实现心灵成长。人生真正的意义和幸福，不是来自物质财富，而是源自心灵的成长。所有汗水和努力，都会凝结成最美的善良之花，使我们更接近人生的幸福。让我们携起手来，直面困难，真诚互助，用我们的知识、技术和智慧，使我们的心灵不断成长并最终收获幸福的人生。

一般心理问题案例报告

【摘　要】这是一例因为婚姻家庭问题而有焦虑和抑郁情绪的求助者来进行心理咨询的案例报告。来访者由于婚姻破裂而极度痛苦和自卑，两个月来茶饭不思，时常有胸闷、头晕、疲倦之感，经常失眠，唉声叹气。咨询师通过合理情绪疗法和求助者中心疗法，帮助她矫正了不合理的认知信念，减轻了痛苦焦虑的程度。

【关键词】一般心理问题；合理情绪疗法；求助者中心疗法

一、资料整理

（一）一般资料

求助者：刘某，女，三十岁，中学教师，系独生子女，父母都是退休工人。经询问和调查，父母无人格障碍和其他神经症性障碍，家族无精神病历史。刘某从小爱说爱笑，活泼可爱，很受邻里长辈们的喜欢。上学之后，学习等各方面表现都很不错，一直都是同龄人中的佼佼者，没有经历过任何挫折。父母之间关系较好，对刘某的要求也比较高。刘某在感情上非常单纯，对爱情非常专一。但是刘某的爱人社会经历比较丰富，婚后对妻子十分冷淡，经常数月不回家且毫无音信。刘某内心痛苦，无依无助，二人最后因调解无效而离婚。

（二）主诉

两个月来茶饭不思，时常有胸闷、头晕、疲倦之感，经常失眠，唉声叹气。经常回忆两人恋爱时的场景，感觉对方婚前婚后判若两人，感觉爱情虚无缥缈，不可信任。对未来的生活和情感失去了信心。

（三）求助者个人陈述

离婚后自己经常回忆两人相恋、结婚、婚变的一幕幕场景，试图找出自己在这场婚姻中的过错。求助者习惯将错误进行自我归因，总是认为事情结果不好是自己不够努力、不够优秀、不够完美造成的。一次次的自我省察都没有找到合理的结果，刘某就认为自己情商很低，以至于不能很好地解决婚姻和情感问题。她羞于将自己的遭遇向同事和朋友提起，并认为离婚是件很丢人的事。这场婚变也使她对爱情和生活失去了信心，变得沉默寡言而又顾虑重重，总是觉得特别没有安全感。

（四）咨询师观察了解到的情况

求助者独自前来就诊，衣着整洁，精神正常。言语不多，有些羞涩，性格有些内向。讲话声音清晰，言语流利，无幻觉、妄想，无智能障碍，自知力完整，有明确的求助要求。从进入咨询室到叙述完毕，都表现得比较自如，但在谈到离婚事件时，情绪明显焦虑和痛苦。

二、评估、诊断与鉴别诊断

（一）心理测试结果与分析

选择测试为SDS、SAS：

（1）抑郁自评量表（SDS）：粗分45分，标准分56分，提示有轻度抑郁。

（2）焦虑自评量表（SAS）：粗分52分，标准分65分，提示有中度焦虑。

（二）诊断与诊断依据

1. 根据郭念峰的病与非病三原则，求助者主客观统一，知情意协调，人格相对稳定，无幻觉妄想，无显著的兴奋和活动异常，自知力正常，自动求助，因此可以排除精神病。

2. 根据许又新内心冲突的性质，该求助者的症状表现是遭遇婚变后导致的自卑情结,属于常形,即具有现实意义和道德色彩,所以可排除神经症。

3. 根据求助者病程超过一个月(两个月),痛苦程度不深,社会功能影响轻度,无泛化(只限于婚姻和情感问题),所以可排除严重心理问题。

4. 根据求助者主要症状特征:有情绪低落、失眠、不安等表现,属于心理学的行为和情绪问题,因此该求助者可诊断为:一般心理问题。

(三)鉴别诊断:主要与以下病症相鉴别

1. 与重型精神病相鉴别:根据病与非病的三原则,该求助者的知、情、意是统一的,对自己的心理问题有自知力,有主动求医的行为,无逻辑思维的混乱,无感知觉异常,无幻觉妄想等精神病的症状,因此可以排除重型精神病。

2. 与严重心理问题相鉴别:该求助者持续病程不超过两个月,社会功能未受损,没有失去理性控制,内心的痛苦程度为浅度,且未泛化,所以可排除严重心理问题。

(四)原因分析

1. 生理因素:求助者30岁,处于中年期,自尊心比较强,情感经历比较简单,心灵容易受到伤害。

2. 心理因素:对自己要求过分苛刻,绝对化、以偏概全、糟糕至极的不合理观念,认为自己应该处处完美,婚姻失败是羞耻的。持久的负性情绪记忆:离婚事件一直困扰着自己,并由此认为以后的人生都会全部失败。

3. 社会因素:成长中一直受到呵护和赞扬,这次经历了对刘某来说属于一次刺激较大的负性生活事件,自信心严重受挫。

4. 个性特征:自尊心比较强,追求完美,自信心相对弱。

三、咨询目标

根据以上的评估与诊断,咨询师经过与求助者的协商,确定如下咨询目标:

1. 具体目标:逐步改变求助者的"我的婚姻必须是幸福的,不幸福就是自己不够优秀"的观念，培养自信心，排解消极情绪。

2. 最终目标：建立求助者正常的认知观念，增强其社会适应能力，积极接纳自己并重新树立对生活和感情的信心。

四、咨询方案

1. 主要咨询方法与适用原理：

咨询方法：注意到本案中求助者刘某学历较高、自我探索意识较强，本例主要是采用合理情绪疗法、求助者中心疗法。

适用原理：

（1）合理情绪治疗是20世纪50年代由埃利斯在美国创立的，基本理论主要为ABC理论：情绪不是由某一诱发性事件本身所引起的，而是由经历了这一事件的个体对这一事件的解释和评价所引起的。ABC来自3个英文字的字首，A是指诱发性事件；B是指个体在遇到诱发事件之后相应而生的信念，即他对这一事件的看法、解释和评价；C是指在特定情景下，个体的情绪及行为的结果。ABC理论指出，诱发性事件A只是引起情绪及行为反应的间接原因；而B——人们对诱发性事件所持的信念、看法、解释才是引起人的情绪及行为反应的更直接的起因。当人们坚持某些不合理的信念，长期处于不良的情绪状态之中时，最终将会导致情绪障碍的产生。刘某婚姻不幸（A），引起了痛苦、焦虑等负性情绪反应（C），产生这种负性情绪的真正原因是刘某的"我应该一直非常优秀""我的婚姻应该完美"和"离婚真是太丢人了"等错误认知信念，而不是离婚这件事情本身。

（2）求助者中心疗法建立在人本主义的哲学基础上，是罗杰斯提出的，他认为人们是完全可以信赖的，且人都具有自我实现和成长的能力，有很大的潜能理解自己并解决自己的问题，而无需咨询师进行直接干预。咨询师需要做的就是与求助者一起努力，设身处地地理解求助者，运用无条件积极关注、坦诚相待、共情等技术，培养求助者潜力，向求助者表明他本身的潜力及行为的能力。

2. 双方的权利和义务：（已将打印好的权利义务交给刘某一份，并告知刘某有

疑问可随时提出）

求助者的责任、权利与义务：

责任：

（1）向咨询师提供与心理问题有关的真实资料；

（2）积极主动地与咨询师一起探索解决问题的方法；

（3）完成双方商定的作业。

权利：

（1）有权了解咨询师的受训背景和资格；

（2）有权了解咨询师的具体方法、过程和原理；

（3）有权选择或更换合适的咨询师；

（4）有权提出转介或中止咨询；

（5）对咨询方案的内容有知情权、协商权和选择权。

义务：

（1）遵守咨询机构的相关规定；

（2）遵守和执行商定好的咨询方案和各方面的内容；

（3）尊重咨询师，遵守时间约定，如有特殊情况提前告知咨询师。

咨询师的责任、权利和义务：

责任：

（1）遵守职业道德，遵守国家有关法律、法规；

（2）帮助求助者解决心理问题；

（3）严格遵守保密原则，并说明保密例外。

权利：

（1）有权了解与求助者心理问题有关的个人资料；

（2）有权选择合适的求助者；

（3）本着对求助者负责的态度，有权利提出转介或中止咨询。

义务：

（1）向求助者介绍自己的受训背景；

(2)遵守咨询机构的有关规定;

(3)遵守和执行商定好的咨询方案各方面的内容;

(4)尊重求助者,遵守约定时间,如有特殊情况提前告知求助者。

3.咨询时间与收费:

咨询时间:每两周一次,第一次90分钟,以后每次50分钟。咨询收费:每次咨询50元人民币,第一次咨询两个测试量表每个加收20元。

五、咨询过程

咨询阶段大致分为:

1.诊断评估与咨询关系建立阶段(第一次咨询)。

2.心理帮助阶段(第二次与第三次咨询)。

3.结束与巩固阶段(第四次咨询)。

具体咨询过程:

第一次:2017年1月20日

目的:

(1)了解基本情况;

(2)建立良好咨询关系;

(3)确定主要问题;

(4)探寻改变意愿;

(5)进行咨询分析。

方法:通过倾听、共情、无条件的积极关注建立咨询情境。

过程:

(1)填写咨询登记表,询问基本情况,介绍咨询中的有关事项与规则;

(2)摄入性会谈,向求助者收集临床资料,探求求助者的心理困扰及改变意愿;

(3)对求助者进行SDS、SAS量表测验。

（4）分析资料及测量结果，作出初步诊断；

（5）向来访者反馈测验结果和初步诊断；

（6）商定咨询目标：第一次主要了解来访者基本情况和收集更多的来访者信息，并让来访者了解咨询的具体方式与方法，初步引导求助者意识到解读和信念才是让人产生情绪困扰的直接原因而不是客观事件本身。

摘录部分对话片段：

求助者：老师，我真的很伤心、很羞愧，离婚是多么丢人啊，您说我该怎么办啊，我曾经那么深爱的人竟然如此对我，我的生活还有什么希望啊。

咨询师：我感受到了你的伤心和痛苦，我想如果我是你，也一定会和你有一样的感受。有时候，人生就是这样，很多人都会遇到类似的事情，有很多事情超出我们的想象。（共情，先接纳求助者的情绪）有时候，我就在想，有没有另一种看待问题和解决问题的方法呢，如果是离婚就意味着人生失败，那些成功人士一定都没有遇到过婚姻上的不幸吧？（无条件地表达积极关注，并引导向新方向、新的思路转变）

求助者：（沉默，陷入思考）

咨询师：（温柔地注视求助者，慢慢地说）心情不好的时候，我会想人的情绪其实很像天气的变化。比如，你最不喜欢什么样的天气呢？

求助者：阴雨天呗，因为下大雨出门很难走的，也没有太阳，很不舒服，我喜欢晴天的感觉，碧蓝的天空让人心情舒畅。

咨询师：嗯，你说得很有道理。不过，如果是一个久旱地区的农民呢，你觉得他看到突然下大雨了，会是什么感受呢？

求助者：哦，他肯定是开心的，他们肯定早就盼着下雨了。

咨询师：是啊，你看，同样是下雨这个客观事件，不同的人因为信念和观点不同而产生了完全不同的感受是吗？

求助者：嗯，是啊。

咨询师：那么，我能不能说让我们有不好感受的不是下雨这个事件本身，而是我们自己对下雨这件事的解读和评判，让我们有了不好的感受呢？

求助者：确实是的，老师，我好像有点理解你要说什么了。

咨询师：那我们不妨思考一下，两个月来，你的痛苦和伤心一定是离婚本身导致的吗？我们能不能一起来分析一下这件事发生后，你是怎么看待和解读的呢？（目光温柔地注视求助者，给她思考和探索的勇气和力量）

求助者：我怎么就离婚了呢，我太差了，别人的婚姻都很幸福。而且我肯定是不够优秀、不够完美才让自己的婚姻出了问题。可是我又找不出自己错在哪，我今后可怎么办哪？

咨询师：我特别想帮助你，而且我也有过痛苦无助又找不到方向和出路的时刻。我有几个建议或者说问题我们共同思考一下，你觉得怎么样？（布置家庭作业）

1. 你说别人的婚姻都很幸福，我们认真思考一下是不是除了你之外别人都没有遇到过婚姻和情感问题？

2. 在你的同事朋友、励志榜样、成功人士里找一找，有没有和你经历相似或者更加不幸的人？

3. 好！今天的咨询就到这里，这两个问题我希望你认真调查并写出书面答案，在下次咨询时我们一起讨论。

第二次：2017年2月3日

目的：

（1）继续营造咨询情境；

（2）引导其打破完美主义倾向，建立积极认知，正确看待成败，全面接受自己。

方法：会谈，利用设身处地地理解的技术、坦诚交流的技术、无条件地积极关注的技术，积极自我暗示，从生物、社会、心理等方面探讨她内心痛苦的原因，布置家庭作业。

作业反馈：

求助者发现自己身边有很多人遇到婚姻问题，至少5个同事也离婚了，只是自己太关注自己的婚姻，完全没注意别人的婚姻。在成功人士和励志榜样中，也有不少人曾经离异，像倪萍、宋丹丹、小香玉等，她们离婚后又重新找到了情感归宿和人生的幸福。

求助者: 可是, 人家是名人, 又都在事业上登峰造极, 虽然我现在心里不再绝望, 但是我还是觉得自己的未来希望渺茫。

咨询师接下来柔声建议刘某去写出自己的十个优点。发现刘某写下自己的十个优点非常困难, 尤其是在情感方面。咨询师耐心引导, 时刻用温暖的目光支持求助者, 微笑着鼓励求助者。刘某对自己的优点越找越多, 才发现自己有这么多有价值的地方。

认知重建: 帮助刘某识别消极思维和不合理信念, 建立客观而积极的思维模式 (达成共识)。

1. 我是一个普通人, 有优点也有缺点。

2. 婚姻失败并不是自己单方面的原因。

3. 眼前婚姻失败和人生未来幸福与否没有必然联系。

求助者: 是的。现在我的心情平静多了。

咨询师: 这几天我要给你布置一点家庭作业: 每天早上大声朗读自己的这十个优点五次; 在身边或者在报纸电视中搜集五个遭遇婚变却积极快乐、有所作为的成功女士的资料, 好吗? 她们是怎么走出人生困境的? 她们可以, 我们一定也可以。

求助者: 好的。谢谢老师。

第三次: 2017年2月18日

咨询目的:

（1）验证第二次咨询的成果;

（2）进一步培养来访者的自信心。

方法: 用榜样的力量来培养来访者的自信。

咨询过程:

（1）查看求助者搜集的五位遭遇婚变却积极快乐、有所作为的成功女士的资料, 请求助者细细讲述她们的故事。咨询师在倾听过程中不断提示求助者提炼她们的人生观、价值观、理想信念, 以及成功的故事中体现出的具体品质和运用的具体方法。

（2）鼓励她悦纳自己的同时向那些积极快乐的离婚女士学习，学习她们身上那种积极进取的精神和乐观豁达的心态。

第四次：2017年3月2日

咨询目的：

（1）巩固治疗效果；

（2）结束咨询。

方法：重新体验创伤性事件，放松冥想未来的家庭生活。

咨询过程：

（1）再现离婚事件全过程，找出自己内心真实的想法和身体、情绪的变化细节。鼓励求助者在这些感受上与没咨询前的感受进行比较，并诉说改变的可能原因。

（2）利用想象未来的情感生活，使求助者更有信心去面对现实。

摘录冥想部分的对话：

咨询师：您可以闭上眼睛，慢慢地呼吸。当你把一些慌乱、烦躁、对自己的不满意都随着气流呼出体外的时候，你会觉得胸口越来越舒适、温暖……当你感觉胸口很舒适、很温暖、很平静的时候继续慢慢地深呼吸……慢慢地呼吸……你的心灵在这一呼一吸间慢慢地飞到了几年之后……那是一个很温馨的家庭……夫妻相敬如宾，举案齐眉，相视而笑，心有灵犀，多么幸福的生活啊……你走进客厅，一束红玫瑰映入眼帘……爱人将你拥入怀中……在这个家里，你感受着无限的爱和温暖……你和爱人一起牵手，慢慢变老……你感觉自己的人生幸福无比……带着这种幸福、温暖的感觉多待一会儿……多待一会儿……（停顿十分钟）

很好。现在请您带着那份幸福和温暖回到你坐的沙发上来……我会从一数到三，当我数到三的时候，你就会睁开眼睛，带着那份幸福感睁开眼睛。一、二，当我数到二的时候求助者就睁开了眼睛，带着幸福和喜悦的心情睁开眼睛……三。

（3）基本结束咨询，解除咨询关系。

六、咨询效果评估

1. 求助者自我报告: 觉得自己虽然婚姻失败, 但是仍有很多优点, 未来完全可以通过自己的努力找到真正的白马王子。目前可以把心思多放在工作上, 培养自己的兴趣爱好, 如唱歌、打球、旅行, 积极参加社交活动, 将自己最光彩的一面尽情展示出来; 通过读书、写作、交流不断提升自己, 提高自己的厨艺, 让自己的生活更有规律, 更加充实。

2. 同事反映: 原来那个乐观开朗的刘某又回来了, 对未来的工作和生活都很有信心, 每天都能看到她自信的笑容。

3. 咨询师评估: 观察求助者, 其情绪状态良好, 人也十分开朗自信, 测量结果正常, 达到了咨询目的, 完成了咨询目标。

4. 测验结果:

对求助者进行SDS、SAS量表测验。

（1）SDS粗分36分, 标准分45, 提示没有抑郁。

（2）SAS粗分40分, 标准分50, 提示没有焦虑。

效果评估:

通过回访和跟踪, 发现咨询已基本达到预期目标: 刘某改变了其完美主义的认知模式, 渐渐学着运用幽默和自嘲来化解一些生活中各种原因引发的不可避免的尴尬场景。自信心和适应群体的能力增强了, 而且由于心情舒畅, 愿意参与体育锻炼和社交活动, 生活越来越有规律, 精神头也越来越足了。

七、咨询师的反思

这个个案是求助者因为家庭婚姻问题而导致的内心冲突。处在婚变痛苦期的女性都非常在意自己的形象和别人的评价, 自尊心很强, 内心敏感而脆弱。同时社会上的一些传统的、绝对化的、以偏概全的、不合理的文化观念更容易伤害这些本已痛苦不堪的灵魂。她们一旦处理不好这样那样的心理问题，会给自身和社会带来很多危害和影响。咨询师希望更多的女性勇敢地走出婚变的阴霾，及时调整自己，不断努力，相信阳光总在风雨后，曾经的伤痛只会使自己更加强大，悦纳自己，发展自己，完善自己，相信你若盛开，清风自来。

后 记

　　书稿基本完成的时候，我开始思考另一个问题：这本书真的有出版的价值吗？一遍遍重读书稿，一遍遍重新梳理着自己的心路历程。我坚信，很多同行会和我有同样的困惑和感动，这些文字，可以带给他们一些灵感和鼓舞。在理论和实践的交叉与融合中艰难起舞，或许正是语文课程与教学理论专业研究者和广大一线教师最大的幸福。不为理论而理论，也不为实践而轻视理论，二者早已水乳交融，不分彼此。教室、讲台、粉笔、多媒体、朗朗书声、师生互动、阅读写作，这些共同构建着每个教师心中的桃花源。

　　感谢每一位引领我、鼓励我、帮助我、支持我的良师益友，有了你们的陪伴我才能够一路风雨无阻地探求、追寻我梦中的桃花源。感谢编辑老师的辛苦努力，让书稿能够呈现在更多心灵相通的读者面前。感谢每一个正在阅读的你，相信我们神交千里，共同追梦。